JN221778

ないものとされた世代のわたしたち

熊代 亨
Kumashiro Toru

イースト・プレス

ないものとされた世代のわたしたち

はじめに

この半世紀であらゆるものが変わった

時は流れ、人は変わる。社会もまた。

私は地方在住の精神科医として、アニメやゲームに親しみながら書籍やブログを書く者として約半世紀を見つめ続けてきた。そんな私が約四半世紀を振り返り、ひとまとまりの文章を書き残す意義はなんだろう。

意義のひとつは、昭和に生まれ、令和を生きている歴史の生き証人として証言を残すことだ。特に私の世代は就職氷河期世代にあたり、それ以前の高度経済成長期っぽい雰囲気のなかで育てられ、それ以後は結婚や子育てやキャリアアップの機会の乏しいなかでここまで生きてきた。私たちの世代が育った時代の、良かったことも悪かったこともここで私なりにまとめてみたいと思う。

もうひとつの意義は、精神科医でありつつアニメやゲームに親しみ続け、オタクと呼ばれてきた人々と一緒にあり続けた者の一人として、昭和50年から「昭和99年」までに起こった変化をまとめることだ。精神医療もユースカルチャーも時代とともに変わっていく。そうした変化の振り返りが、これからを生きる誰かのヒントにもなるだろう、と期待している。

私の生きてきた半世紀の間に、日本社会は本当に変わった。

1970年代の日本には途上国の雰囲気がまだ色濃く残っていた。たとえば授業中の教室に野良犬が入ってきたり、台所の魚が野良猫に盗まれたりした。当時はまだ高度経済成長期の余韻も残っていて、東京や大阪では今日のジャカルタのように公害問題が取り沙汰されていた。

1980年代から1990年代にかけて、そうした途上国らしさが薄れていく。誰もが知るバブル景気は、1980年代後半から1990年代初頭に起こり、まさにバブルのように弾けた。文化的にはその勢いが1995年頃まで残ったけれども、1990年代後半にさしかかるとその限界がはっきりと目につくようになった。

氷河期世代とは何だったのか

今日では、「就職氷河期」「ロスジェネ世代」といった言葉がよく知られている。けれどもこれらが言われるようになったのも2000年代以降のことで、不景気のどん底にあって就職難やブラック企業に四苦八苦していた当時の私たちは、「自分たちが苦しい境遇にある」と言葉にすることさえできないでいた。そのことまで記憶している人は、今ではそれほど多くない。

そして2000年代。就職氷河期が終焉を迎えたといっても、それは新卒たち、それも2008年にリーマンショックが起こるまでの新卒の話でしかなかった。その後も就職氷河期世代は自助努力で生きていくしかなく、誰かが救ってくれるわけではないことが明らかになった。就職氷河期の世代全体が救われることはなかったが、この時期に人生の立て直しに成功した人も少なくなく、世代内の浮沈（ふちん）が定まった時代だったとも記憶している。私たちが20代後半から30代になったこの時代が、（高齢化していく社会にとっても、個人にとっても）今にして思えば起死回生の最後のチャンスだった。

21世紀の歩みは止まらない。スマホが普及し、誰もがＳＮＳを用いるようになり、人と情報がオンラインに集まるようになった。というより、人と情報がオンライン化した、と言い直すべきかもしれない。そうしたなか、20世紀には異端者とみなされていたオタクとそのカルチャーが脚光を浴びるようになり、国内外で高い評価を得る作品が続々と生まれ、たくさんの人に愛されるようになった。主義主張やモノの考え方、人々の振る舞いも変わってきている。２０２４年の日本社会は、個人主義の時代という点ではバブル景気以降と共通し、自己責任の時代という点では就職氷河期以降と共通しているけれども、個人主義では充足しきれない心理的欲求の解消を「推し活」に頼ることに抵抗がなくなっている。流行の服も変わったし、オンラインコミュニケーションも巧みになった。気が付けば、日本の若者は途上国のそれではなく、先進国のそれに変貌していた。

ただし、先進国といっても日本人がアメリカ人やイギリス人と同じになったわけではない。日本人は清潔で、無害で、リスク回避的で、コスパやタイパに優れ、場面や相手にあわせてキャラクターを切り替えることに融通無碍（むげ）だ。そのかわり、日本では家族やパートナーを持つのは経済的にも心理的にも大きな負担、大きなリスクであると考える人が増え、実際、未曾有の少子高齢化社会ができあがってしまっている。

その少子高齢化の影響もあって、日本の国力も下がり続けている。過去、日本のＧＤＰは世界第2位だったが、２０２３年には第4位に転落し、経済はバブル経済崩壊後の〝失われた30年〟の間、停滞し続けた。そのさまはコンビニに売られている袋菓子のサイズの縮小にも、海外旅行先での物価の上昇にも、国内外の人の流れにも反映されている。たくさんの問題点があったにせよ、かつて、日本で働くのは稼ぎの良い選択肢で、海外旅行には割安感があった。今はその正反対だ。日本が割安な海外旅行先とみなされるようになり、海外で稼ぐことを真剣に考える日本人が増え始めている。

未来は見えにくい

こうした約半世紀の日本社会の変化は必然だっただろうか。

今、学生向けの歴史教科書を読むと、日本社会の歴史の流れはいかにも必然的だったように読めてしまうかもしれない。

しかし当時を生きていた私たちは、そのように日々を体験していたわけではなかった。たとえばソ連崩壊と冷戦終結も、バブル崩壊後の失われた30年も、それらを予定調和とは感じていなかった。アニメや漫画やゲームといった、子どもとオタクのものだったユースカルチャーがここまで広く支持される未来を予見していた人も、寡聞にして知らない。

社会学者をはじめとする専門家たちは、未来の一面を予測してみせる。とはいえ専門家の予測は未来を全面的に予言するものではない。たとえば「21世紀にオンライン化やIoT（モノのインターネット）化が進む」とは20世紀から予測されていたことだった。しかしアップルのアイフォンがこれほど売れる未来、SNSで絶えず言い争いが起こっている未来まで言い当てていたとは言い難い。人口問題にしても同様だ。20世紀の段階で少子化に注意を促していた学者はいたが、ここまで少子化が進むと言い当てていた学者はいなかったし、2050年代から2080年代には世界人口が減少に転じるとみる学者もいなかった。

専門家の専門分野でさえこうなのだから、未来は基本的にわからず、振り返って眺めれば必然的と思える変化も、渦中において読み取ることはとても難しい。変化の真っ最中に、

「何かが起こっている」と気付くことさえ難しい場合もある。

では、私たちは未来に対して受け身でしかなく、なされるがままだろうか？

否。わからない未来に対して受け身をとっておく余地、身構えておく余地はあると思う。ヒントのひとつは未来についての専門家の予測に耳を傾けることだし、別のヒントは過去を振り返り、予測のきかない当時の状況下で人々がどのように振る舞い、生きてきたのかを思い出して判断の参考にすることだ。

前者に比べて後者はたいしたことがない、という人もいるだろう。科学的にはそうかもしれないが、個人の領域ではそうとも言えない。思慮のある人なら、年を取れば取るほど過去をよく振り返り、同じ失敗を避けたりリスクヘッジしたりするための備えを怠らなくなる。あるいは、「世の中は先が読めない」という前提で舵取りしていくことに慣れていく。

過去の振り返りは未来を演繹（えんえき）しない。それでも同じ失敗を避け、変化への備えをうながし、うつろう時代をうつろうものとして眺めるセンスを養う一面はあるように思う。だからこの本で私は、自分が生きた約50年を振り返り、そこで起こったこと、そこで私たちが見抜けなかったこと、そこで経験したことが後日どうなったのかを、ひとまとまりのエッセイにした。必然的にそれは、昭和から平成、そして令和への移り変わりを描いたエッセイにもなるだろう。

一人の精神科医が見た半世紀の日本

過去を振り返る本は他にもたくさんあり、「昭和１００年」にあたる２０２５年にはそうした本が多く出版されるに違いない。それらと同じことを書いても意味はないから、この本では、社会や時代を振り返る視野をあえて絞ってみる。

その視野とは、「熊代亭という一人の人間が実際に見聞きしてきた日本社会」というアングル、または視点である。「私自身の人生というフィルタ越しに見た日本社会」と言い換えても良いかもしれない。

社会や時代の見え方は、人によってそれぞれ違う。たとえば山村や離島に定住し農林水産業を生業にし続けている人と、東京生まれ・東京育ちのサラリーマンでは、社会や時代の見え方はかなり違う。私が見た日本社会とは、途上国の面影が残る北陸地方の集落から始まり、校内暴力の嵐の吹き荒れる公立中学校から地方都市の進学校と国立大学に進学し、それからインターネットや東京にまで視野が広がっていくものだった。だから私のマインドのなかには日本社会の古い部分と新しい部分が同居していて、そのふたつが分裂したりつじつま合わせをし続けている。私のマインドは、地域共同体に代表されるゲマインシャフト的なものと東京やインターネットに代表されるゲゼルシャフト的なもののキメラだとも言えるかもしれない。

たとえば私のなかの古い部分にとって、東京都心は「未来のSF世界」として体験されるし、いまどきのネットコミュニケーション、いまどきの子どもも、それぞれ未来の産物として体験される。逆に、私のなかの新しい部分から見て、私自身の記憶や考え方に残っている昭和っぽい一面は、懐かしいけれども時代遅れで野蛮なものとして思い出される。

そのように社会を体感している一人の精神科医による半世紀の振り返りがこのエッセイ、ということになる。その内容は、ずっと東京で暮らしていた人や、ずっと地方の田舎を知らずに生きてきた人の描くエッセイとは違っているはずだ。私という、20世紀と21世紀のキメラのような人間から見た半世紀のエッセイを、今後を生きるための判断材料、それか、あなたのディープラーニングの材料にしていただければ嬉しく思う。

本書の構成

以下、この本の構成を少しだけ紹介しよう。各章は「途上国から先進国へ」「バブル崩壊の前後」「オタクカルチャー」「精神医療」「インターネット」といったテーマに沿ってまとめられ、原則として番号の小さな章が古い時代を、番号の大きな章が新しい時代を書いている。そして、各章扉の裏には、そこであつかう時代の雰囲気がわかる出来事をまとめた年表（各年の項目は順不同）も提示しているので、あわせて見てほしい。

第1章は、私が地域共同体で生まれ育ち、少しずつそこから離れていったいきさつに沿って書いているが、ここでは1975年から1980年代の、日本に途上国っぽさが残っていた頃の記憶が中心になる。

対してアニメやゲームについて記される第3章では、旧来、オタク的なカルチャーとみなされていたものがメインカルチャー的なものになり替わっていく1990年代後半から2010年代を中心に書いているが、1990年代前半以前にそれらがどうだったのかにも触れられている。第5章までは順不同でお読みになってもあまり困らないように書いたので、好きな章から順番に読んでいくのもひとつの読み方だ。

ただし第6章は例外だ。第6章は「本当にやってきたポスト近代」というテーマで全体のまとめとなっている。これだけは最後にお読みいただきたい。

ではさっそく、第1章「途上国の面影のこる地方社会」に入っていこう。私は地域共同体で生まれ育ったので、そこでの生活を懐かしく思い出す。けれども令和の日本社会を当たり前だと思っている人には、それはショッキングな社会とうつるかもしれない。しかしショッキングな社会はつい数十年前まで実在し、それが当たり前だと大勢の人が思っていたのだ。

目次

第3章 犯罪者予備軍と呼ばれたオタク 1990年〜 83

第4章 診断され、支援され、囲われていく人々 2000年〜 129

第5章 インターネットにみた夢と現実 2010年〜 181

第6章 やってきたのは「意識低い」ポストモダンだった 2020年～ 229

第１章

途上国の面影のこる地方社会 １９７５年～

1975	国連が「国際婦人年」宣言｜山陽新幹線全線開通｜沖縄海洋博開催
1976	尊厳死協会設立｜ロッキード事件｜毛沢東死去
1977	マイルドセブン、150円で販売｜連合赤軍のダッカ事件｜白黒テレビ番組制作終了
1978	『未来少年コナン』放送開始｜日中友好条約調印｜王貞治800号本塁打
1979	サッチャー政権発足｜『ドラえもん』放送開始｜ソ連がアフガニスタン侵攻
1980	光州事件｜山口百恵引退｜神奈川金属バット両親殺害事件
1981	中国残留孤児が初の正式来日｜スペースシャトル宇宙初飛行｜『北の国から』放送開始
1982	東北上越新幹線開通｜『笑っていいとも!』放送開始｜ホテルニュージャパン火災発生
1983	日本海中部地震｜東京ディズニーランド開園｜戸塚ヨットスクール校長が逮捕
1984	江崎グリコ社長が誘拐される｜ロス五輪開催｜「トルコ風呂」から「ソープランド」へ
1985	男女雇用機会均等法成立｜警視庁「いじめ相談コーナー」開設｜日航機墜落事故
1986	ハレー彗星｜チェルノブイリ原発事故｜土井たか子が社会党委員長に就任
1987	ファミコン、1000万台突破｜国鉄が民営化でJR7社が発足｜携帯電話サービス開始
1988	青函トンネル開業｜瀬戸大橋開通｜『週刊少年ジャンプ』500万部突破
1989	昭和天皇崩御｜手塚治虫死去｜美空ひばり死去｜東西冷戦終結

この第1章では、私が生まれた1975年（昭和50年）をスタート地点に、昭和時代が終わって間もない1990年代前半まで時代を追っていく。私が石川県の片田舎で暮らしていた頃の話であり、その近所づきあいや生活習慣にはまだまだ昭和の気配が、もっと言えば発展途上国だった頃の面影が残っていた頃の話である。昔ながらの地域共同体の付き合いの論理、いわば「地元」の論理も健在で、私はそこでコミュニティのウチとソトを否応なく意識させられていた。

日本社会全体では、高度経済成長の余韻が残っていて、多くの人が未来を楽観していた。東京を中心とする大都市圏では、近代的で先進国らしい生活習慣やマインドができあがりつつあった（第2章参照）。けれども私の「地元」はこの限りではなく、私のマインドにはプレ近代（前近代）的な古臭さが埋め込まれていると思う。

だから私のルーツを語ることとは、昭和らしさがまだ残っていた時間や空間を語ることであり、日本が先進国になりきっていない頃を思い出すことに通じている。核家族化が不徹底で地域共同体が強い力を持っていた頃の話を、本書の物語の出発点としたい。

あらゆることがアバウト

——何もすることがない。

窓の外は雨。天井に張り渡された板の木目が、鯉の目に見えたり川の淀みに見えたりする。そうしたものをぼんやり眺めて過ごす、時間。

昭和時代の私の記憶には、そうした、ぼんやりと何かを眺めて過ごした時間がたくさん堆積している。それらは令和時代においてタイパ（タイムパフォーマンス）が最悪とみなされる時間で、ゆえに、経験困難になってしまった時間だ。

冒頭の記憶も、私の実家の2階、その和室の天井を眺めているときのものだ。遊びたくても遊ぶものがない、観たいテレビも観られない、外遊びもできないとき、私はしばしば天井の模様を眺めて時間をつぶした。スマホもインターネットもなく、テレビ番組を録画するためのビデオデッキも普及していなかった時代に、玩具に飽きてしまった子どもが雨の日にできることなどたかが知れている。１９７０年代後半にはカラーテレビの普及率が90パーセントをこえているが、それは「一家に一台」という普及率であって、いつでも子どもがテレビを観ていられるわけではなかった。一台しかないテレビの視聴権を巡ってしばしば「チャンネル争い」が発生したのもこの時代だ。

この時代のテレビは最新のメディアだった。昨今の動画配信などがそうであるように、最新のメディアは有害なメディアとみなされるものである。たとえば『8時だョ！全員集合』や『オレたちひょうきん族』といった〝くだらない〟〝下品な〟番組はＰＴＡの目の敵とされ、大人たちは子どものテレビ視聴時間とその内容を気にしていた。

登場して間もなかったコンピュータゲームも同様だ。任天堂は１９７７年に「カラーテレビゲーム15」を、１９８０年には「ゲーム＆ウオッチ」をリリースし、それらは片田舎の子どもが遊べるぐらいにはヒットした。当時の大人たちもゲームのしすぎに敏感で、なるべく子どもから遠ざけたいものとして扱った。

そんなこんなで、今だったらユーチューブを眺めていそうな時間に、私は天井の模様や流れる雲を眺めながら、にわか雨やあられがトタン屋根を叩く音に耳を傾けていた。そうやって時間をつぶすほかに、やりようがなかったのである。

「時間をつぶす」という行為は、当時の私たちに使い物にならない時間が存在したことを示している。と同時に、当時の大人たちが子どもの時間を教育戦略や成長戦略にそこまで割り当てようとしていなかったこと、私たち子ども自身もタイパに対して無頓着だったことをも示している。

私一人がそうだったわけではない。公園や河川敷に友達と集まって遊ぶときにも、誰もが時間にアバウトだった。時間に正確であるよう期待されることは少なく、放課後に公園に集まって遊ぼうと約束したメンバーが来ていないこともザラだった。

逆に、公園でたまたま出会った子ども同士が歳の差を気にせず遊ぶこともよくあった。誰かと一緒に遊べるか、誰とも遊べないかは運次第だったが、当時は現在よりずっと子どもの数が多かったので、いくつかの公園や遊び場を巡っていれば遊び相手に出会える見込

写真１
百貨店のおもちゃ売り場でゲーム＆ウオッチを手にとる子ども
1981年、岡山市
写真提供：山陽新聞／共同通信イメージズ

みは高かった。

1980年代の私の地元でも、公文塾やスポーツ少年団などに入ったり稽古事をする子どもが少しずつ増えていた。それでも今日の小学生に比べれば、子どもの時間はまだまだスケジュール化されていなかった。実際、学研教育総合研究所の全国調査資料によれば、小学4年生から6年生が習いごとに行っている割合は1989年の段階で39・1パーセントでしかなく、小学校全学年を対象にした2019年の調査結果である80・4パーセントと比べて半分以下でしかない。

アバウトだったのは時間だけではない。私は珠算教室に通っていたが、しばしばそれをさぼっては両親に大変叱られた。珠算教室というのも古めかしいが、当時の私の小学校では、そうやって勝手に習いごとをさぼる児童が珍しくなかった。登下校にしてもそうだ。一応通学路が指定されてはいたけれども、私たちは好きなルートで登下校し、ときどき道草をして遅刻し、私有地を横切ることもしばしばだった。

特に学校からの帰り道、私は近道をするためや氷の剣のようなつららを手に入れるために、近所の家の庭を通り抜けた。2024年現在、小学生が近所の家の庭を通り抜けることは許されないだろうし、そもそも思いつきもしないだろう。しかし私の郷里ではまったく珍しいことではなく、庭でおじいちゃんやおばあちゃんと挨拶を交わしたり、お菓子を出してもらったりさえした。そうしたやりとりをとおして地元の大人たちと顔見知りになり、私たちは「地元の子」になっていったのだった。

「地元の子」を鬱陶しがる大人がいなかったわけではない。だが、そのような大人は地元でも評判が悪く、私たちはそうした大人の住み家について情報を共有し、近づかないよう心がけていた。そうした大人さえいなければ、公園も道路も私有地も子どもの遊び場だ。外遊びはしばしば学年や年齢や性別の枠を越え、小学校低学年から高学年までが数十人の大集団をつくって鬼ごっこやケイドロをして遊ぶこともあった。子ども目線で見た地元はとても広く、とても知人の多い、だからこそ子ども一人で出歩いても平気な空間、体感的に治安の良い空間だった。

もちろんそれは体感上のことでしかない。子ども一人でどこでも行ける空間にはリスクが伴う。警察白書を確認すると、昭和時代の子どもが事故や事件に遭う確率は令和時代のそれよりずっと高い。実際、私の小学校にも事故に遭う子ども、命を落とす子どもさえいた。

私自身、危ない思いをしたことがある。

ひとつめは、4歳のとき。同じ保育園の子たちと3人で川遊びに行っていた。もちろん大人の付き添いはない。私たちは夕方遅くまで川辺で水遊びをしていて、気が付けば私は独りぼっちになっていた。サンダルの片方が流され、探しても見つからず、泣きながら帰宅した私は自分が叱られている意味もよくわからなかった。

ふたつめは、小学校3年生のとき。雷魚が棲んでいるという大きな沼に友人と釣りに出かけたとき、私は足を滑らせて沼に落ちた。泳ぎには自信があるつもりだったが、岸辺がツルツルしていて這い上がることができない。このとき、友人が近くにあった長い棒を拾ってきて差し出してくれ、それでなんとか這い上がることができた。もし一人だったら、もし近くに長い棒がなかったら、どうなっていたかわからない。

今日、昭和時代や20世紀をリバイバルするさまざまな文物を見かけるが、その多くは現代風に書き換えられた昭和の二次創作物でしかない。たとえば令和時代のアニメ『ドラえもん』で描かれる景色と藤子・F・不二雄の漫画原作で描かれているそれには大きな違いがある。例外は映画『窓ぎわのトットちゃん』で、描かれているそれは戦前から戦中ではあるけれども、子どもがより自由で、より危険だった頃の景色をくっきり描いている。

子どもの境遇がこのようだった時代には、いじめや暴力の扱いも異なっていた。今日では虐待やネグレクトに相当するもの、プライバシーの侵害や迷惑行為とみなされるものも当時はたくさん残っていた。つまり、私が生まれて育った北陸地方の片田舎は、まだまだ発展途上国めいていたのである。

昭和の大人たち

発展途上国然としていたのは子どもだけではない。大人たちも違っていた。何歳までが子どもで、何歳からが大人なのかも違っていたかもしれない。

小学校低学年時代の私には、中学生ぐらいからもう大人にみえた。身体は大きいし、女子中学生は化粧っぽいにおいを漂わせているし、男子中学生や男子高校生は黒っぽい制服を着ていて大柄だったからだ。もう少し学年が進んでからは「学校に通っているうちは大人ではないらしい」とわかるようになったけれども、高卒であれ大卒であれ、就職すれば間違いなく大人だと思っていた。

今、振り返ってもその感覚は的外れではなかったようにみえる。厚生労働省の統計によれば、第2次ベビーブームの母親世代にあたる１９７１年から１９７４年の女性の平均初婚年齢は20代前半で、これは２０２０年代のベトナムの数値に相当する。１９８０年代に入ってからは、24歳までに結婚しなかった女性を「クリスマスケーキの売れ残り」と呼ぶようになるが、実際問題、１９７０年代の女性たちは若いうちに結婚し、男性もかなり早くから所帯を持っていた。たとえば私の母も23歳で結婚していたし、地元の他の女性たちもだいたい同じだった。

高齢者についての印象も現在とは違っている。北陸地方は、今日でも三世帯住宅が多いことで知られるが、当時の私の体感では、そうでない家庭といえば官舎に住んでいる転勤族ぐらいだった。どこの家にもじいばあがいて、その年齢は50代から60代、けれども顔や腕には年輪が深く刻まれ、見た目も社会的な立場も高齢者そのものだった。80代の男性は絶無で、明治生まれの曾祖母のいる家庭がところどころにあった。

80代の曾祖母がいる家庭の、祖母や母の心境はいかばかりだっただろう？　ドラマ『渡る世間は鬼ばかり』がヒットしたのは１９９０年以降だが、それ以前に嫁姑の確執がなかったとは思えないし、「北陸地方の女性ならば姑が平気」だったとも考えにくい。北陸地方の家々は世間体を重んじるから、そう簡単には家庭の揉め事を表沙汰にしないし、離婚率も全国平均と比べて低い。それでも、平静を装った嫁と姑の間に摩擦や確執が存在することに気付いてしまう瞬間はあった。

ちなみに北陸地方の女性の就業率は今も昔も高率だ。女性の就業率は、たとえば首都圏などでは30代にかけて低下する。これは専業主婦の割合が増えるためや、子育てを優先させて仕事が続けられない女性がいるからで、ひと昔前の欧米社会に似た傾向とされる。ところが北陸地方の女性の就業率は30代ではたいして低下せず、その傾向は現在の欧米社会、特に北欧諸国のそれに似ている。

ならば、北陸地方は北欧諸国のような先進的地域だろうか？

そんなことはない。欧米では20世紀前半から、東京ではそれに少し遅れて、子育てする女性の専業主婦化や男女分業が進んだ。その後、欧米諸国では再び女性の就業率が高まり、東京もそれを追いかけている。欧米諸国や東京で起こった変化は、核家族化が進む前のプレ近代から核家族化や男女分業の進んだ近代へ、そこからさらに男女共働きが当たり前のポスト近代に向かう時代の流れを反映していた。

ところが北陸地方ではそれが起こらなかった。まるで近代を省略したかのように、女性の就業率は昔も今も高いままだった。この就業率の変わらなさは、日本より遅くに産業が発展した国や地域、たとえばバンコクの女性の就業率などとよく似ている。

昭和時代において、北陸地方の母親たちはプレ近代の女性のように働き、令和時代にはポスト近代の女性のように働いている。

ただ、このように女性たちが働き続けていたからこそ、三世帯同居や地元の共同体には大きな意味があった。近代の特徴のひとつである核家族化と、核家族というユニットに基づいた子育てが北陸地方には不完全にしか定着しなかったとも言えるが、ともあれ、地元や祖父母世代が果たしていた役割は大きい。

さて、高齢者の話に戻ろう。そうしたわけで地元の高齢者たちは子どもだった私たちとも顔なじみだったのだけれど、その高齢者の多くは60歳から70歳で亡くなり、その少なくない割合が「ついこないだまでピンピンしていたのに大急ぎで冥土に旅立っていくように」亡くなった。有線放送が故人の名前とお通夜が行われる寺院を告げるたび、両親か祖父母の誰かが喪服に着替えてお通夜に出かけ、帰ってきた大人に塩を撒くのが私の役割だった。

現在の私は知っている。そうした人々の死因の大半が脳出血や脳梗塞、心筋梗塞で占められていたことを。当時の大人たちは脳出血や脳梗塞を「中風（ちゅうぶ）」と呼んで怖れていたが、厚労省の統計も、そうした動脈硬化に由来する病気が昭和時代の死因の多くを占めていたことを示している。当時の人々を早く死に至らしめ、早く老けさせた健康リスクの親玉である動脈硬化をもたらす悪玉コレステロールが解明されたのは1976年のことだ。1970年代から1980年代の地元のじいばあは、そうしたリスクについてあまり知らなかっただろう。

同じく動脈硬化をもたらす高血圧への意識も低かった。夏が始まる頃には、地元では一斉に梅干しが漬けられた。北陸地方の郷土食である「こんかのいわし」や「ふぐの粕漬け」

も かなり塩辛い食べ物だが、地元のじいばあはそれらを好んで食した。

タバコや飲酒に対する意識も低く、副流煙を気にする人も少なく、男子学生は中学や高校のうちにタバコを覚え、未成年の飲酒にも大人たちは無頓着だった。もし、国民が健康リスクを知り、その健康リスクを避けることが先進国の条件だったとしたら、当時の地元の人々はその条件を満たしていなかった。彼らは好きなように飲み食いし、呆気ないほど速足にあの世に去っていった。

私の祖父もそうだった。健康に無頓着な生活をし、腎臓を痛め、60歳を過ぎた頃に脳出血に見舞われ、入院生活と自宅療養で2年ほど過ごした後に亡くなった。祖父の入院中には「付き添い人」なる職業の中年女性が雇われていた。介護保険制度もまだ存在しなかったから、退院後の祖父の介護はいかにも大変そうだった。

祖父の葬儀は地元の浄土真宗の寺院で執り行われた。北陸地方では浄土真宗は最もポピュラーな宗派で、子どもも寺子屋で勉強やお経を教わり、お寺の行事に参加するなど、生活に密着していた。祖父の亡骸は寺院に安置され、葬儀の当日は近所の人にも手伝っていただいた。令和ならよほどの大人物と思えるような葬儀ののち、祖父の遺体は金ぴかの

写真 2
店頭に並べられる有害表示付きたばこ
1972年、名古屋市
写真提供：共同通信社

霊柩車に運ばれて火葬場に向かった。それから子どもは初七日まで、大人は四十九日まで精進料理を食べて過ごした。

それと対照的だったのは、令和2年（2020）に100歳で亡くなった私の祖母の葬儀だ。いかにも令和風の小さな家族葬で、精進料理も省略されていた。式は葬祭センターの専門家によって滞りなく行われ、近所の人に手伝っていただくことも、近所の人の葬儀を手伝うことも、もはやない。してみれば、死は遠ざかり、健康リスクはより良く管理されるようになったのだろう。「死が核家族単位でプライベート化された」、ともいえるかもしれない。いや、プライベート化したのは死だけではない。近所の家の庭も、子育てもそうである。現代風の密閉された家屋と希薄な近所付き合いでは、近隣の家の嫁と姑の確執を見聞きすることはあまりない。高齢者も子どもも、そうして次第にプライベート化されていく。

地元共同体はユートピア？

葬儀や子育てが地元の人々の助け合いによって営まれていたということは、地域共同体がしっかり機能し、いわゆる共助が成り立っていたともいえるだろう。実際、子どもや高齢者の一人ひとりは家庭のメンバーであると同時に地元のメンバーで、お互いが顔見知りで、お互いが贔屓（ひいき）しあう間柄だった。

では、その共助の地元共同体はユートピアだっただろうか。

もちろんそんなことはない。助けられることと助けることとは表裏一体だ。子どもだった私が自由気ままに過ごせると感じていた地元が、大人たちにとって同様だったとは到底思えない。両親や祖父母に連れられ、子ども時代の私は地元の大運動会や盆踊りにも参加していたし、それらは私を楽しませ、地元に馴染ませ、社会性を養う経験にもなった。だが両親や祖父母にとってそれらへの参加はどんな意味を持っていただろう？　地元の行事は参加義務のあるもの、執り行いに労力を要するものでもあった。大人たちはそこに縛られ、逃れることは難しかった。

そして地元のウチとソトでは、どう振る舞うべきかがしばしば異なり、誰がメンバーで誰がメンバーでないのかが問われる場面がある。顔見知りのウチでは許されたことが顔見知りのソトでは許されなかったり、理解されなかったりすることもあり得る。後で触れるが、地元に馴染み、顔見知りの許しや理解に頼っていた私はそこのところを読み取り損ねて、不適応を強いられることにもなった。

地元のウチとソトの境界を意識させられる場面は、小さかった頃からあった。子どもが自由に行き来できる地元は、幼児期はだいたい自宅から半径200メートルほど、小学校低学年時代は半径400メートルほどの自分の町内、つまり盆踊りや大運動会でいつもご一緒するぐらいの範囲だ。「よその家の庭に子どもが入ってよい」という話もこの範囲内のことで、地元以外の、知らない家の庭を横切るのは昭和の子どもでも流石(さすが)にためらう。

それだけではない。よその町内を子ども一人で歩くには危険が伴った。用水や堀に落ちる危険、マムシや野犬に出会う危険とは別に、よその町内の子どもによそ者扱いされる危険もあった。

保育園の年長組の頃、空き地ひとつを隔てたよその町内で石を投げられたことがある。顔や体に石をぶつけられて血が出た。石を投げつけてきたのは私より少し年上の子ども集

写真3
町内の盆踊り大会が開かれ、音楽に合わせて踊る浴衣姿の人たち
1983年、鎌倉市
写真提供：共同通信社

団で、怒った顔をしていた。よそ者を追い出すようなことを言っていたのは覚えているが、詳しく理由を聞ける状況ではなかった。

同じく小学校低学年の頃、自転車で少し遠くの町内を「探検」していたときに、その町内の子どもたちから「お前はどこの誰だ」と難詰（なんきつ）され、からがら逃げたこともあった。学年が進み、行動範囲が広まってからはそうした襲撃には遭わなくなったけれども、「よその中学校の学区で絡まれる」可能性はあり得ることだった。そもそも私の中学校の生徒はよその中学の生徒に絡みがちで、怖れられていた。地元のウチにとっては味方でも、地元のソトにとっては危険な敵——そんな大昔の部族みたいな習慣が私の地元にはまだ残っていた。

学年が上がるにつれて、地元のソトでの付き合いが少しずつ増えていく。隣の町内との広域ソフトボールチームに強制参加となったときもそうで、ふたつの町内が合わさったそこは地元の論理が通用しない、地元とは異なったソトだった。当時の私はボールに目の焦点を合わせるコツがよくわかっていなくて、ソフトボールの守備も攻撃もついていけなかった。先輩たちのなかに、私がボールに目の焦点を合わせきれていないことに気付いている人はいなかった。結局、私はソフトボールチームをサボりはじめ、最終的にはサボりきるのだけれど、それまでに支払った対価は小さくなかった。なにしろ、該当する地域の男子なら原則参加と決まっているソフトボールチームなのである。サボる私も必死だが、サボられる側も黙ってはいない。夏休みのラジオ体操の場で、学校で、そのソフトボールチームの先輩がた、特に町の違っているほうの先輩がたに出会うたびにいちゃもんをつけられたり小突かれたりしなければならなかった。

同じ強制参加でも、町内とその外側では様子が違っているということ。このことが、私が中学校に進学する際の不安の種だった。6年生の頃、私は小学校最後の1年を哀惜の念とともに心から楽しんだ。そして不安は的中した。

「地元」の不適応者

ここまで読んで、「昭和時代の北陸地方は野蛮なところだ」と思った人もいるかもしれない。だが、北陸地方のすべてがこうだったわけではない。私の地域は石川県全体で見ても古い田舎で、「地元」の論理が色濃い土地柄だったのは否定できない。たとえば金沢市の都市部の学区はこの限りではなかったことは断っておく。

しかし私の中学校は「荒れた中学」として有名で、平均学力も周辺の中学校と比べて劣っていた。中学校のガラスは毎週のように割られ、教師の車は繰り返し傷つけられていた。女性の英語教師は卑猥な言葉でからかわれ、しばしば授業中に顔を真っ赤にして泣いて出ていき、そのさまを男子生徒たちがゲラゲラと笑っていた。校則違反の制服を着るのは不良に限らず当たり前で、番長がいて、スケバンすらまだ存在していた。番長は喧嘩が強いだけでなく人望もあり、単なる不良とは少し立ち位置が違っていた。ここでもウチとソトの論理は健在で、「荒れた中学」の番長や不良たちは他の学区の生徒たちには怖れられていたが、同じ中学の生徒には手だしはしなかった。

その中学校の部活動で、私は地元のソトの上級生たちにいじめられることとなった。どんなことがあってもいじめが正当化されることはない。とはいえ、たくさんの下級生のなかから私が選ばれたのは偶然だったとも思えない。

当時の私は、はしゃいだときに大きな声をあげてしまう性質があった。私が幼かった頃

写真4
校内暴力によって、ガラスが割られるなど
半年で1500万円の被害が出た中学校
1981年、葛飾区
写真提供：共同通信社

から顔なじみだった上級生はそれに慣れていたが、そうでない上級生には不快だっただろう。なお悪いことに、当時の私は自分が周囲からどう思われているのか、自分の行動が周囲にどんな影響を与えるのか、考えることを知らなかった。

そのうえ私は勉強がやたらとでき、それでいて上級生たちの猥談に他の男子たちと比べてお追従がうまくできていなかった。猥談は男子のたしなみ、少なくとも田舎の男子のたしなみであり、それをよくすることはウチに近く、それをよくしないことはソトに近かった。勉強ができることも、私の中学では恥ずべきことではあっても、誇るべきことではなかった。

イギリスの社会学の名著に、労働者の文化とホワイトカラーの文化の違いを活写した『ハマータウンの野郎ども』という書籍がある。猥談をたしなみとし、勉強ができることを恥ずべきこととする私の中学の文化は、同書で描かれる労働者の文化に似ている。猥談と勉強、この2点において私は上級生たちと文化を共有できていなかった。

ゆえに、面白くない存在、しかもウチとソトでいえば、ソトの存在とみなされていたのは間違いない。

中学校1年の2学期あたりまでは時々腹を殴られる、いきなりビンタされる程度で済んでいたが、3学期からは複数名から1時間ほど殴られ蹴られといったざまだった。漫画『ドラえもん』などでカジュアルな暴力が描かれていたことが暗に示しているように、昭和の小中学生は令和の小中学生よりもずっと殴られたりビンタされたりに慣れている。私も慣れているつもりだったが、集団リンチが繰り返されるようでは耐えられない。中学2年生から私は不登校になったが学校に行けない理由は誰にも言えなかった。言えば報復すると脅されていたからだ。ようやく事態が露見したとき、私はやせ衰え、成績は大幅に下がり、数学と英語がわからなくなっていた。その少し後、大学病院で検査した結果胃潰瘍が見つかって、私は治療の対象となり、学校に行かずに済む大義名分をようやく獲得した。

当時、血液検査を担当した若い研修医に年齢を聞かれ、私が中学生だと告げると「未来があっていいね」と言われたのをよく覚えている。不登校に直面し、唯一の取柄だった勉強も出来なくなった当時の私には、その言葉はピンと来ない言葉だった。

年を取ってから思い出すと、確かに当時の私にも未来があったのかもしれないと思える。

だが、未来とは先の見えない、あてにならないものでもある。というのもちょうど同じ時期に同じようにいじめに遭っていた同級生の一人は、結局学校に戻ってくることはなく、卒業後の消息もよくわからないからだ。

「もうここにいたくない」

不登校の時期をとおして、私の認識は大きく変わった。川や沼で危ない目に遭ったり余所者として投石されたりしても、私は地元のことが好きだったし、地元は安全だと思っていた。実際、町内の大人たちや上級生たちには何度も助けられ、たくさんのことを教わった。けれども中学生になって痛感したのは、その地元がもし敵に回ったとき、その顎(あぎと)から逃れることは簡単ではない、ということだった。

第3章で詳しく紹介するが、町内には一人だけ、その地元の論理の外側でスタンドアロンに暮らしている「オタク」のお兄さんがいたが、当時の私には地元にいながらにしてスタンドアロンに暮らすのはほとんど不可能にしか思えなかった。不登校の最中に私が展望できた未来はひとつだけだった。近くの街の進学校に進み、大学を目指す。そうすればきっと、この地元とは別のどこか、勉強が長所とみなされず男子は猥談をしなければならない文化のソトに脱出できるだろう。

上級生たちが受験シーズンを迎えたのを確認して、私はそっと復学した。わからなくなってしまった数学や英語の成績はなかなか戻らなかったし、「勉強ができるのは長所とはみなされない」という文化が私の内面にまでこびりつき、都市部の生徒たちには無縁であろう葛藤に苦しむ羽目になった。それでもなんとか進学校に入学し、そこではじめて、勉強に価値があると信じている人たちとその文化に私は遭遇した。

そこは猥談や喧嘩がずっと少なく、盗みや万引きもなく、安全で、地元のウチとソトの論理をほとんど気にしなくて構わない場所だった。私はたちまち進学校の居心地の良さの虜(とりこ)になった。が、不登校時代の恐怖は拭えない。どれだけ楽しくとも高校生活はたった3年で終わってしまうのだから、未来を生きぬく力を私は欲した。それから地元、いや、地元的なものと離れて生きたいとも願った。そのためには一層の学力が必要で、その必要性の高さと切実さのおかげで、地方の医学部ならば入学できそうな学力を私は手に入れた。

私が地方の医学部に入学したのは、東大や京大を受けるにはやや学力が足りなかったからであり、公務員である両親が勧めたからでもあり、「医学部は6年制だから2年多く遊んでいられる」と思い込んでいたからでもあった。学問としては哲学や心理学を学びたかったけれども、父はそれらでは食っていけないとしきりに警告し、確かに私は生き抜く手段を確実に提供してくれそうな学部、すなわち収入を得る見込みのありそうな学部に進みたくもあった。

学問のためでなく、収入のために進学先を選ぶ。これを、貧しいこと・あさましいこと・卑しいこととみる向きもあるだろう。だが実際問題、私は好きな学問を後先考えずに選べる立場ではなかった。それでも当時、大学はレジャーランドと揶揄されることが多かったから、私は大学生活に楽観的でいられたし、実際、信州大学医学部に入学し松本市で一人暮らしを始めてからの生活に私はすぐに馴染むことができた。

当時の松本市は、信州大学の多くの学部が集中しているおかげか、約20万人という人口規模の割に若者が多く、賑やかで、書店も充実していた。大都市から来た人から見れば松本市も田舎だろうが、より田舎からやってきた私には大きな街で、足りないものなど何もないように感じられた。そこは、地元やウチとソトの論理をまったく気にしなくて済む、私にとって無重力状態のような空間でもあった。松本市で生まれ育った人にとって、もちろんそこは地元だろう。しかし他県からやってきた一人暮らしの大学生にはウチもソトもない。誰とどのように付き合うのも、「オタク」みたいに生きるのも、大学生になった私の思うままだったわけで、私の願いはこの時点で成就したも同然だった。

だから私にとっての松本市は、第二の故郷と感じられる。そこは地元的ではないライフスタイルや文化の出発点で、医師としてのキャリアの出発点でもあった。そして「東京」という唯一無二の特異点に気付く出発点となった場所でもある。

「田舎者が進学をきっかけに一人暮らしを始める」と言ったとき、多くの人が「上京」を連想するだろう。だが、みずほ総合研究所『中枢中核都市の実像』(2018)で示されるように、実は、本当の田舎者がいきなり上京することは少ない。本当の田舎者は手近な地方都市や県庁所在地に移動し、それで満足する。

私もその一人だったと言える。私は地元を離れたかったのであって、東京に夢を抱いていたわけではなかった。そもそも東京について何も知らないから、東京に憧れようがなかったのである。地元の重力圏から逃れたいという私の願いを叶えるには、信州大学でも金沢大学でも、いや、九州や北海道の大学でも構わなかった。ところがたまたま松本市は東京に出るのが簡単で、首都圏には高校時代の私の友人が何人か進学していた。私は特急あずさやアルピコ交通の高速バスで足しげく東京に通うようになり、ますます地元から心は離れていった。この頃からやっと、「ああ、もう少し勉強ができて首都圏の大学に入っていたらなぁ……」と首都圏に進学した同級生をうらやむ気持ちも芽生えてきた。

ちょうど東京の話も出たことだから、私が地元で育ち、地元から離れていった物語はここで終わりにしたい。地元から離れるだけなら、医学部に入る必要も首都圏の難関大学に入る必要もなかったし、実際、多くの人がそのようにした。

一方、私の地元では過疎化が進み、昭和時代と比べて小中学校の児童生徒数は半分以下となってしまった。北陸地方特有の黒い瓦屋根の街並みは今も昔も変わらないが、昭和時代にあったはずの活気は失われてしまっている。

だからといって地元から離れれば人生が安泰だったわけでも、地元の重力から自由な状況がすべての人に有利に働くわけでもない。そのことが明白になる状況が目前に迫っていることを大学に入学したばかりの私は知るよしもなく、私の周りにいる人々も気付いていなかった。

私が地元から脱出して安堵していたちょうどそのとき、日本社会は、まさにその地元的なものを旧弊として切り捨てたうえで、自由ではあっても自己責任的な社会へと移り変わろうとしていた。

第2章

ないもの
とされた
世代の
わたしたち
1980年〜

1985	プラザ合意、ドル安円高進行の契機となる
1986	日本の海外資産1298億ドルを記録と発表、世界一となる
1987	ニューヨーク株式市場で株価大暴落（ブラックマンデー）｜INF全廃条約に調印
1988	「マル優」制度一部廃止｜リクルート疑惑事件｜子ども人口初めて総人口の2割を切る
1989	昭和天皇崩御｜ベルリンの壁崩壊｜消費税スタート
1990	職安の愛称が「ハローワーク」に｜イラクのクウェート侵攻 海外渡航者、初の1000万人突破
1991	湾岸戦争勃発｜ソ連崩壊｜地価下落始まる
1992	尾崎豊死去｜国家公務員、完全週休2日制に カンボジアに向けて自衛隊派遣部隊出発
1993	北海道南西沖地震｜細川連立政権が誕生｜イスラエル暫定自治協定正式調印
1994	NY外国為替市場で初めて1ドル＝100円突破｜松本サリン事件｜村山連立内閣誕生
1995	地下鉄サリン事件｜阪神淡路大震災｜金融機関の破綻・合併相次ぐ
1996	自民党政権復活｜携帯電話・PHS加入台数が200万台突破｜民主党結成大会
1997	北海道拓殖銀行破綻｜山一證券廃業｜介護保険法公布
1998	日本長期信用銀行破綻｜日本債券信用銀行が破綻｜完全失業率4.4%で過去最悪に
1999	ユーロ発足｜政府が大手銀行に公的資金注入｜東海村で核臨界事故
2000	小渕首相倒れ、森連立内閣発足｜ロシア大統領にプーチン就任 そごうグループ、民事再生法を申請
2001	小泉内閣成立｜アメリカ同時多発テロ事件｜デフレ進行、失業率5%台
2002	大手銀行の不良債権残高、過去最高に｜日韓ワールドカップ同時開催 住基ネットスタート
2003	イラク戦争開始｜アジアでSARSが拡大｜りそなグループに公的資金投入
2004	イラク日本人人質事件｜新潟県中越地震｜非正規社員3割超す
2005	衆院選にて自民党圧勝｜郵政民営化法成立｜マンション耐震偽装発覚
2006	ライブドア事件｜第一次安倍政権発足｜日銀が量的緩和解除
2007	公的年金の加入記録で不備｜参院選で自民党が大敗｜サブプライム住宅ローン問題
2008	トヨタ自動車、生産台数世界1位に｜リーマン・ショック｜米大統領にオバマ当選
2009	日経平均終値、安値を更新（7054円98銭）｜民主党政権誕生 厚生労働省が子どもの貧困率15.7%と発表

この第2章は、私たちの世代が矢面に立つことになった「日本社会の曲がり角」について振り返ってみる。

2024年から振り返ったとき、バブル景気の崩壊は長い長い停滞の出発点に見え、それに引き続いた、いわゆる「失われた30年（ロストジェネレーション、通称・ロスジェネ）」は愚かしい過ちとうつるかもしれない。そのときまったく何もできなかった私たちを笑う人もいるだろう。

しかし、バブル景気にしてもその後の停滞にしても、その渦中にあって私たちはそれを自覚できず、だからこそ対応が難しかった。私たちの世代だけではない。当時の社会を主導していた上の世代も事態をうまく認識できず、1990年代末や2000年代前半においてさえ適切に対応できなかった。1980年代から1990年代をとおして多くの人が個人主義的なライフスタイルを身につけ、そこに埋没しきっていたがために、政治運動のようなかたちでは団結することもできず、ただ個人単位で目の前の現実をサバイブするしかなかったのも悪く働いたかもしれない。

社会の曲がり角は、その渦中にあって案外気付きにくい。そのことを知るうえで、あの、葬送しようにも葬送しきれない一時代が教えてくれることは多いように思う。

バブル景気なんて本当にあったのか

1975年生まれ、いわゆる就職氷河期世代にあたる私は、好景気というものをよく知らない。

コロナ禍が一段落し、世界的なインフレと人手不足が重なった2024年の日本は好景気とみなされ、実際、日経平均株価はバブル経済の盛期に記録した最高値をついに上回った。バブル崩壊後の「失われた30年」といわれる不景気とデフレの時代に一応の終止符が打たれたのは事実だろう。

ではその前にあったとされる「バブル景気」は、本当にあったのだろうか？

歴史的には、それは実在したという。安田海上火災保険がゴッホのひまわりを53億円で購入したのが１９８７年。日経平均株価が３万８９１５円の史上最高値を記録したのが１９８９年のことである。この時代に就職活動をした人の昔話には、就職活動でハワイの研修旅行に連れて行ってもらった、タクシーを１万円札で呼び止めたといった話が珍しくない。

しかし、そうしてバブル景気の羽振りの良さを肌で感じ取れたのは、２０２４年の好景気がそうであるのと同様、限られた世代・限られた職業・限られた生活の人々だけだったのではないだろうか。

バブル景気にあたる１９８０年代後半から１９９１年は、私にとって中学生時代から高校時代の前半にあたる。前章に書いたとおり、それは不登校のために社会に対してアンテナを張り巡らせる余裕のほとんどない時期だった。そのうえ私の両親は公務員で、親族もだいたい公務員だったから、バブル景気の恩恵はない……というよりも相対的には羽振りが悪いぐらいだった。

石川県は昔から繊維産業が盛んで、私の学区にも小さな町工場がたくさんあった。だが、町工場がバブル景気に大儲けしたといった話は聞こえてこず、むしろ、聞き慣れた工場の稼働音は次第に聞こえなくなっていった。

バブル景気の頃は、全国にショッピングモールの先祖のような複合商業施設が作られ始めた時期でもある。私の地域でも、国道8号線沿いに当時としては大きめの複合商業施設が作られ、それまで街の中心に出かけ、デパートやアーケード街で買い物をしていた地元の人々が複合商業施設で買い物を済ませるようになった。

私たち学生も同様である。駅前のゲーセン(ゲームセンター)や書店から、複合商業施設のなかのゲームコーナーや書店へ。そうした人の流れが地元経済にどんな影響を及ぼすのか、街並みをどう変えていくのか、当時の私には知るよしもなかった。そして街の中心部にあった商業施設やアーケード街は高校在学中の3年間ではっきりわかるほど衰退し、実家の近所にあった個人経営の商店も同じ運命を辿った。

写真5
ゴッホの「ひまわり」一般公開始まる
1987年、西新宿
写真提供:共同通信社

だから私にとってバブル景気らしい記憶はメディアが報じたものしかない。東京では若い男女が華やかな生活をおくり、地上げ屋が暗躍し、コピーライターをはじめとするカタカナ商売がもてはやされていたというが、そう報じられる東京をじかに知っている人が私の周りにいなかった。私の父は「あんなものはあてにならない」と切って捨てていた。それが公務員一族ならではの見方なのか、一種のひがみから来る反応だったのか、先々まで見通したうえでの見識だったのかはわからない。ともあれ、その父の言葉は「失われた30年」のなかでは正鵠（せいこく）を射たもののように響いたのだった。

『なんとなく、クリスタル』の予言

バブル景気の本当の受益者は、ごく一部の経営者とそのおこぼれに与った従業員たち、それから投資や投機でひと山当てた人々だけだったのかもしれない。とはいえ先進国の仲間入りをして間もない当時の日本は現在よりも若く、明るく、経済的にもまずまず潤っていて、未来を悲観する人は少なかった。

最近は耳にすることが少なくなったが、「財テク」という言葉が新鮮味をもって語られていた時代でもある。たくさんの人々が証券会社に口座を開設し、書店には投資本が平積みにされていた。

「エコノミックアニマル」という言葉も聞こえてきたものである。当時の日本人を揶揄するその言葉は、日本がアメリカに迫るほどの経済力を手に入れながら、経済力以外のものを手に入れていないことを示唆していたし、1991年の湾岸戦争に際して経済援助だけで済ませようとした日本政府は諸外国の顰蹙を買った。だが、その顰蹙は当時の日本人にどこまで届いていただろうか？

日本人の海外旅行客もそうだ。

1990年、日本人の海外旅行者数がついに1000万人を超えた。カネ払いは良いが海外の習慣を知ろうとも尊重しようともしない、どこでもカメラのシャッターを切る日本人。コロナ禍の前に爆買いツアーに参加していた中国人旅行客たちがそうだったように、当時は日本人も声が大きく、マナーが洗練されていない人が多かった。急激に経済成長を遂げたからといって、それにふさわしいマナー・作法・コンプライアンスがすぐに浸透するわけではない——その値打ちも文脈もわからぬまま高級品を買い漁る当時の日本人旅行客はきっと野暮に見えただろうし、なるほど「エコノミックアニマル」と呼びたくなるものだっただろう。

他方で、日本が他の先進諸国を追い抜こうとしている兆候もあった。それは当時の若者たちのライフスタイルや感性だ。

朝シャンをはじめとするデオドラント(無臭)文化、コンビニエンスストアや24時間営業のファミレスをあてにした若者の一人暮らし、そして政治や社会に関心を寄せず、自分自身の好きなものに耽溺していく個人生活。欧米に遅れて先進国の仲間入りをしたはずの日本に、いや、遅れて先進国の仲間入りをしたからこその超-先進国的なライフスタイルや感性が台頭しようとしていた。

変化をいち早く言語化した作品のひとつが1981年に芥川賞候補となり、ミリオンセラーとなった田中康夫の小説『なんとなく、クリスタル』だ。ファッションブランドや東京の地名やレストラン等に膨大な注釈をつけつつ、田中は、衣食住や将来に悩むことのない若者たちの新しいライフスタイルを描いた。クリスタル族とも呼ばれた彼らのライフスタイルは1981年の段階では東京のアーリーアダプター(流行に敏感な層)の特権にも見え、田舎者には不可解ですらあった。

写真6
1月3日、海外旅行客の帰国ラッシュの成田空港
1990年、成田空港
写真提供：共同通信社

しかしそうしたライフスタイルはバブル景気の終わる１９９０年代には大衆化し、全国の老若男女が高級ブランド品やグルメを奢侈の記号として消費するようになっていく。

もうひとつ、『なんとなく、クリスタル』が予見していた事態がある。

同作品の巻末には、合計特殊出生率の低下、ひいては少子高齢化社会を予測する統計データが掲載されている。当時の読者は唐突な印象も受けたかもしれないが、２０２４年からみれば作中描写との繋がりはよくわかる。そのようなライフスタイルの社会は、たとえ経済的に恵まれていても持続可能ではない。そのことを田中はわかっていたのではないか。

ベルリンの壁崩壊やソビエト連邦の解体が相次いだこともあり、この頃の大人たちは「激動の時代」という言葉を連呼していた。冷戦終結が大きな出来事だったこと、それ自体は否定できない。だが他にも、激動と呼ぶべき変化が私たちの足元で進行していたのではなかっただろうか。ひとつには、バブル景気の崩壊というかたちで。もうひとつは、田中が描いてみせた超‐先進国的なライフスタイルが全国に定着することによって。

今日では、バブル景気の終わりは１９９１年だったとみなされている。しかしテレビでは『東京ラブストーリー』『101回目のプロポーズ』といったトレンディドラマが高視聴率をキープし、KAN「愛は勝つ」や大事MANブラザーズバンド「それが大事」といった楽天的な流行歌がオリコンチャート1位を獲得していた。

バブル景気の代名詞とみなされがちなディスコ「ジュリアナ東京」も、実際には景気後退期にあたる1991年から1994年に営業している。地方の女子高生までもがブランドバッグを持ち歩くようになり、財をなした資産家が故郷に錦を飾るように大仏を建立する社会風潮のなかで、長く続く退潮の時代を見抜いていた人はほとんどいなかった。少子高齢化についても同様だ。当時、大半の人々が認識していたのは少子化ではなく、1972年に発表されたローマクラブ『成長の限界』や1974年に開催された「第1回人口会議」に象徴される、人口爆発ではなかったか。

経済的繁栄に浮かれる者は石川県にもいた。

1987年、故郷に錦を飾りたい石川県出身の会社経営者によって、加賀大観音という巨大な仏像が建てられ、「ユートピア加賀の郷」というテーマパークが開業した。地元の人々からははじめから酷評され、「じきに倒産する」と噂されていたが、案の定、21世紀を待たずに閉園となった。今日では訪れる人も稀で、倒壊などの危険から、バブル期の負の遺産として言及されることが多い。

「これは何かおかしい」

誰もが「これは何かおかしい」「暗い時代だ」と実感したのはいつ頃だったろうか？おそらく１９９０年代後半だろう。が、その少し前にターニングポイントのように思い出される年がある。阪神淡路大震災と地下鉄サリン事件が重なり、金融機関の破綻も相次いだ１９９５年だ。

私の場合、それら以上に記憶に残っているのは、地下鉄サリン事件に先んじてオウム真理教信者が起こした松本サリン事件のほうだ。

大学2年生だった１９９４年6月28日の朝、親戚から安否を確認する電話がかかってきて私は事件を知った。慌ててテレビをつけてみると、私の住まいから1キロメートルほどの場所で死者が出ていると報じられ、そのなかには信州大学医学部の5年生も混じっていた。同級生は誰も被害に遭わなかったが、学生アパートが集中するエリアの出来事でもあり、その日は事件の話題で持ちきりだった。やがて学生である私たちの耳にも「有機リン

写真7
麻原被告第2回公判を伝えるテレビ
1996年、東京都千代田区
写真提供：共同通信社

系薬物中毒らしいが、そんなことがあり得るのか?」という医学部附属病院からの噂話が聞こえてきて、実際、そのとおりの報道が流れた。

度重なる事件と自然災害がトリガーになったのか、それとも1991年から澱(おり)のように溜まり続けていたものがついに社会の表層にまで現れ出たというべきか。1995年以降、それまで日本社会を覆っていたジュリアナ東京的な「から騒ぎ感」は急速になりをひそめていった。

当時の私は医学部という特殊な学部に籠るのが性に合わず、ゲーセンをはじめ、他学部の学生がたむろしている場所をホームグラウンドにしていた。他学部の先輩たちからも色々な話を聞き、「今年の就職活動は大変だよ」などといわれているのを耳にもしていたが、1994年度、1995年度に卒業した他学部の先輩がたの就職先はなかなかのものだった。ゲームと登山に熱狂して留年しまくっていた先輩が、大手自動車メーカーに入社できた話を聞いたときは驚いた。あの、ちっとも授業に出ていない先輩ですら大手自動車メーカーに入社できるなら、そうはいっても世の中なんとかなるものじゃないか——そういう感覚で私は話を聞いていた。

就活という問題系

１９９6年、そして１９９7年へ。このあたりから周囲の様子が大きく変わっていった。１９９7年は北海道拓殖銀行や山一證券が破綻し、消費税が5パーセントに値上がりし、アジア通貨危機が起こった年にあたる。その年、私と同い年の彼らは就職活動に苦戦していた。ある人は、１００社以上を回って辛くも内定獲得。また、内定が出ないから大学院に進学。そういった話からは今まで聞かなかった焦りと疲労が感じられた。今から振り返ってみれば「就職できないから大学院に進学する」とは当時において危険な選択だったのだが、そのことを知る者は誰もいなかった。

どうにか内定を獲得した同学年たちのホッとした表情。どうにも内定を獲得できない同学年たちの焦燥となんともいえない曖昧な笑み。それでもゲーセンや居酒屋はたむろの場であり、今までどおりの付き合いが続いていた。私は6年制学部の学生だったから、「就活という問題系」について自分ごととしては考えきれておらず、それらの意味するものを十分に理解しているとは言えなかった。

１９９９年。私は研修医になり、最初の１年はあまりにも余裕がなくて周りのことなど見ていられなかった。当時の研修医の年収はおよそ４００万円、大学病院勤務による収入が３割ぐらいで、残りはいわゆる「バイト」、大学関連病院のお手伝いの報酬としていただくものだった。もらったお金は医学書の購入以外にほとんど使っていなかった。何かに使う暇がなかったからだ。

２０００年。研修医の生活にもいくらか慣れてきたので、仕事の合間に人に会うチャンスをつくり、私はいつものたまり場に戻っていった。

大学時代以来の知人の境遇はさまざまだったが、とにかく生活は成り立っているようだった。忙しいか？　もちろんだとも！　とはいえ、最も余裕がないのは研修医である私で、周囲からは気の毒がられた。この頃には皆、携帯電話を持ち歩くようになり、インターネットを始めている人もぼちぼちいた。正規雇用か非正規雇用かが強く意識される場面は、この段階ではまだなかった。ゲーセンや居酒屋といった繋がりのハブは意外に頑丈そうにみえ、不況の影響はそれほどでもないな……などと思っていた。就職氷河期の影響を私がはっきりと意識するようになったのは、だから２００１年以降になる。

一人また一人と力尽きていった

2001年。世界的に見るなら、21世紀はアメリカ同時多発テロ事件で始まり、それは、冷戦終結後の〝新世界秩序〟を誇らかに語っていた人々に冷や水を浴びせる出来事だった。しかし湾岸戦争がそうだったように、それは私とその周囲にとってテレビの向こうの出来事でしかなく、日一日の生活の重たさに比べてリアリティを欠いていた。

消息がわからなくなる人が出始めた。それはオフラインのゲーセンや居酒屋の知人たちに限った話ではない。インターネット経由で新たに知り合った人々にもぽつぽつと消息がわからなくなる人が現れるようになった。楽しみにしていたウェブサイトが、管理人の失業を告げる投稿からしばらくして更新停止になったり、ウェブサイトごと消えてしまったりする――そんな出来事もままあった。インターネット上のハイパーリンクの網の目からひっそりいなくなる人のことは、あまり話題にならなかった。そういう作法だったのか、誰も話題にしたくなかったのか。

大企業の正社員になった知人たちも安泰ではなかった。当時は社員の心身を守るためのコンプライアンス意識が現在よりずっと低く、退職を余儀なくされる人、うつ病などの精神疾患にかかる人が続出した。誰もが苦労し、疲弊していた。自分の手札で勝負し、その手札が切れかけて、その場に踏みとどまるか、撤退するかの選択を迫られる者も少なくなかった。

精神科医の駆け出しとなった当時の私は若く、そうしたなかで友人のメンタルヘルスの相談に真正面から乗ることもあった。

今だったら、少なくとも真正面からは相談に乗らないだろう。なぜなら、（精神科医として）友人のメンタルヘルスの問題に耳を傾けすぎると、友人関係が破壊されて、治療者と患者の関係が始まってしまうからだ。

そうしてゲーセンや居酒屋をとおして繋がっていた人間関係が、櫛の歯が欠けるようにさびしくなっていった。後に、「ロストジェネレーション」と呼ばれる私たちは首尾よく就職したとしてもそれぞれの最前線でこき使われ、すり減らされ、一人また一人と力尽きていった。

後に流行語大賞でトップテンに選出される「ブラック企業」という言葉が匿名掲示板の2ちゃんねるで誕生したのもこの時期である。私自身も、仕事や私生活に色々な問題が生じて神経をすり減らしてしまい、この時期はダウンしていた。そうなってしまうと、新しい人間関係はもちろん、既存の人間関係も続けられなくなってしまう。なぜなら不義理だとか社交マナーだとか、そういったことを考える余裕すらなくなってしまうからだ。そこに失業のような経済的危機が重なれば尚更だ。当時、人間関係の環から抜け落ちていった人々は、そうして社交関係を続けられない事情へと追い詰められていったのだろう。

それでも成果主義に熱狂したわたしたち

では、そんな危機の時代に当時の私たちは何をしていただろうか？

何もしていなかったし、何もできなかった。一人ひとりが生き残るのに必死で、若者集団として社会にモノ申すことはなかった。

私たちは、既に語られていたシラケ世代——20世紀中頃の安保闘争や大学紛争の頃の若者と違って政治に対する関心の乏しい世代——の後輩にあたる。御多分に漏れず、政治運動への関心は乏しかった。あるいは、個人主義的でクリスタル族的なライフスタイルの果てに、政治のために見ず知らずの者同士で団結する意志と能力を失ってしまったのかもしれない。

それどころか、当時の私たちはその時代をさも革新的なもののように、好ましい時代の幕開けであるかのように捉えていなかっただろうか？

「自分たちの不遇は旧態依然とした昭和以来の仕組みのためであって、年功序列型の社会を破壊し、成果主義の社会を目指すべき」と思っていた、あるいは思いこまされていたのが当時の私たちだったと私は記憶している。

そうした私の記憶は当時の世論の動きとも一致している。２００５年には郵政改革に的を絞った政治戦略で小泉純一郎首相が選挙で大勝し、いわゆる構造改革が断行された。民間ではホリエモンこと堀江貴文が旧時代の破壊者として私たちの世代の支持を集めていった。

しかし小泉首相の構造改革にせよ、堀江貴文に象徴される成果主義にせよ、それらこそ私たちの世代に唐突に襲来し、私たちの世代を収奪した本能ではなかったか？

写真8
集会で支持を訴える堀江貴文氏
2005年、尾道市
写真提供：共同通信社

1980年代にチリで始まり、世界を席巻していった新自由主義の趨勢からいって、日本だけがいつまでも年功序列型の社会を維持できたとは現在の私には信じられない。とはいえ、当時支持されていた構造改革や成果主義が、自己責任と表裏一体の、成果なき者を切り捨てるロジックだったことはいかんとも否定しがたい。

そして就職氷河期という時代は、スタート地点にも満足に立てず、したがって成果なしとして切り捨てられてしまう素地を私たちに押しつけた。そのうえ、社会とそこにいる年長者たちは、構造改革や成果主義といった美辞麗句でもってそれをさも良いことのように言い隠したのである。

社会がおかしい・自分たちが苦しいといったとき、当時私たちは新自由主義的なものや成果主義/自己責任のしわざと考えるのでなく、昭和以来の仕組みが残っているせいだと考えた。

その挙句、自分たちを菜種油のように絞り取ろうとしている〝ハゲタカたち〟にゴーサインを出してしまったのではないか——令和から振り返ったとき、私はそのような思いを禁じ得ない。

堀江貴文のフォロワーに関する限り、試練はすぐさま訪れた。２００６年に東京地検特捜部が家宅捜査に乗り出し、粉飾決算などが明るみになったライブドア事件である。そのとき、成果主義のアイコンである堀江貴文を推す人々が、紙屑になっていくライブドア株を握り続ける、という風景を私は目撃した。

堀江貴文の真の「フォロワー」なら、ライブドア事件が発覚する前にライブドア株など手放して、みずからのリスクマネジメント能力を誇るべきだったろうし、実際、その堀江自身は今日もマルチタレントな実業家として活躍している。その一方で、堀江貴文とライブドア株に見切りをつけられないまま沈んでいった人もけして少なくなかったのである。

遅れて発見された氷河期世代

就職氷河期は２００５年にいったん終わったとされている。終わった頃になってようやく、私たちは〃就職氷河期世代〃とか〃ロストジェネレーション〃とかいった、今日でも知られている言葉を知るようになった。ブログや2ちゃんねるでは、当該世代のたくさんの人がそうした言葉を駆使して不遇を語ったり世間を呪ったりし、その一環として「ロスジェネ論壇」なるものが登場したりもした。「希望は、戦争」というフレーズで有名になった著述家の赤木智弘も、その一人である。

労働環境についても、さきに挙げた「ブラック企業」という言葉や「ワーキングプア」といった言葉が2000年代後半になってようやく世間に知られていったが、遅きに失していた。もちろん、そうして知られていったことが無意味だったわけではなく、それらが令和のコンプライアンスの礎となっているのは否定できない。だがその礎は、あの頃力尽きた人々の血と汗と涙で塗り固められている。

こうして思い出してみると、就職氷河期の真っ最中に「これはひどい社会だ」「これはブラックな労働だ」とはっきり意識し、声に出していた同世代人は少なかった。

1991年のバブル崩壊の時点では、年長者たちは冷戦終結や軽佻浮薄な世相にばかり気を取られ、日本社会こそが激動の時代を迎えようとしていることにまるで気付けていなかった。それとイコールとはいわないが、就職氷河期の渦中にあった私たちも自分たちの時代と境遇を正しく洞察し、それを言語化できていたとは思えない。皆が社会に適応するのに必死で、必死ななかでも楽しみを見出そうとしていて、なかにはみずから追い詰められながら自己責任論を声高に主張する人すらいた。就職氷河期がそのような悪しき時代としてハッキリ意識され、語られるようになったのはそれが出口に向かった２０００年代後半のこと、それこそ赤木智弘をはじめとする「ロスジェネ論壇」やその周辺のブロガーが声をあげるようになってからではなかったかとも思う。

第３章や第５章とも関連するが、当時の私は個人の社会適応の方法論ばかりウェブサイトやブログに書いていたため、「ロスジェネ論壇」の支持者からは目の敵とみなされがちだった。それで不快な思いをしたこともある。けれどもこの時期、彼らの幾人かと知遇を得て、さまざまな不遇の物語や、個人が社会不適応となる際のさまざまなバリエーションや、社会にできあがってしまった構造的な困難について教わった。「ロスジェネ論壇」の周辺にいたブロガーには、ブロガー自身が社会に適応できていない人、まさに就職氷河期のあおりを受けて不遇をかこつ人も少なくなかった。その一方で、『ニートの歩き方』などを著したｐｈａのように、シェアハウスを用いた新しいライフスタイルを提案し、注目されたブロガーもいる。

彼らをとおして私は、精神医療の現場だけでは気付きにくい厳しい境遇と、そこに置かれた人々の生きざまを知った。と同時に、どうやら格差が広がり始めているということも知った。彼らとやりとりするうちに私はますます感化され、やがて、彼らの残した言葉の続きを私自身の言葉で書きたいと願うようになった。というのも、ロスジェネ論壇も、その周辺にいたブロガーたちも、その多くが消えてしまったからである。２０００年代に社会についてブログを書き綴っていた人々、インターネットに心の叫びをアップロードすれば何かが起こるかもしれないと祈っていた人々は去った。『女子をこじらせて』などを著した雨宮まみのように、既に鬼籍に入っている人もいる。

氷河期世代のその後

さて、ロスジェネ論壇が短い活躍をみせた後、２００８年にはリーマンショックが起こり、２０１１年に東日本大震災が起こった。コロナ禍を挟んで雇用情勢は大きく変動し、企業のコンプライアンスも最低賃金も向上した。それらが就職氷河期の犠牲と反省のうえで成り立っているとするなら、あの時代、あの境遇も社会全体で見れば無意味でなかったかもしれない。

しかし社会は根本的には変わっていないようにみえる。

就職氷河期に流行したような、カリカリに尖った自己責任論こそ見かけなくなったが、日本社会は確実に新自由主義寄りに傾き、格差が拡大して「上級国民」などというネットスラングが流行ったりもした。少子高齢化は田中康夫が記した以上のスピードで進行し、社会保障費が現役世代に重くのしかかっている。現況を「このままではゆでガエルになってしまう」と読む人もいるかもしれないが、実は私たちはすでにゆでガエルで、気付かぬふりをしているだけではないか、と私は疑いたくなる。なぜならバブル崩壊後もしばらく、私たちは自分たちの状況をそれそのまま受け取ることができなかったからだ。

あの時代を生き、はじめから競争のハンディを背負って船出したロスジェネ世代の人生の盛期は去った。仕事や結婚や子育てをやり直す好機も、だ。時代の爪痕は、人口統計のなかに永遠に刻まれた。第二次ベビーブームの後にあってしかるべき第三次ベビーブームは、結局来なかったのである。

全員ではないが、それでもロスジェネ世代のサバイバーの少なくない割合は２０００年代から2010年代に体勢を立て直し、着々と身を固めていった。「ロスジェネ論壇」とその周囲にいた人々に関しても同様で、くだんの赤木智弘は著述家として現在も活躍しているし、phaも著述活動を続けている。もっとアマチュアなブロガーたちも何人かは健在で、それぞれの人生を歩んでいる。

彼らの健在は慶賀(けいが)すべきことではある。が、全員がそうだったわけではないのはいうまでもない。徹頭徹尾、就職氷河期世代の浮沈は自助努力と自己責任の名のもとに進行したのであって、社会とその社会を主導した当時の年長者たちはそのことに頬かむりを決め込んでいた。現在もである。社会は、私たちの世代がやがて老いて死んでいくのを、息をひそめて待っているようにみえる。それともこれは私の思い込みすぎだろうか。

就職氷河期世代と言っても一枚岩ではない。たとえばインターネットでは、同世代の勝ち組はシバキ主義の強烈な自己責任論者だとしばしば指摘される。実際、そのような言葉を振り回す同世代なら私も見かけてきた。この30余年の間に競争を勝ち抜いた者もいれば、競争についていけなかった者、徹底的に疎外され続けた者もいるため、思想的にもこの世代は団結できていない。であるから、時代の理不尽に埋もれていった私たちの世代の声と存在は、これからますます風化し、新しい戦乱や災害がおこるたびに一層忘れられていくだろう。

しかし１９９０年代から２０００年代にかけては間違いなく日本社会の曲がり角だった、韓国社会にとってＩＭＦ通貨危機がそうだったように。私たちは社会の曲がり角に巻き込まれるということがどういうことかを肌で知っている世代のひとつだ。が、肌で知りながら渦中にあってそれがわからず、まるで無力だった世代でもある。もし、令和という時が次の社会への曲がり角だとしたら、私たちのようにはなるな、といいたい。いいや、私たち自身、次こそそうでなければならないはずなのだけれど……。

ともあれ、今の日本社会に、もう一度時代や社会を読み損ねて構わない猶予があるようには、私にはあまり見えない。

第３章

犯罪者予備軍と呼ばれたオタク 1990年～

1985	『スーパーマリオブラザーズ』発売｜『ザナドゥ』発売｜『聖闘士星矢』連載開始
1986	『ゲーメスト』創刊｜『ファミ通』創刊
1987	『ドラゴンクエストII』発売｜『オネアミスの翼』公開｜『ファイナルファンタジー』発売
1988	『ドラゴンクエストIII』発売｜『となりのトトロ』公開｜『AKIRA』公開
1989	『天空戦記シュラト』放送開始｜ゲームボーイ発売｜宮崎勤逮捕
1990	『ふしぎの海のナディア』放送開始｜「手塚治虫展」開催｜スーパーファミコン発売
1991	『おもひでぽろぽろ』公開
1992	『美少女戦士セーラームーン』放送開始｜『ストリートファイター2』発売
1993	『スラムダンク』放送開始
1994	『ときめきメモリアル』発売｜セガサターン発売｜プレイステーション発売
1995	『週刊少年ジャンプ』史上最高発行部数を記録｜『新世紀エヴァンゲリオン』放送開始
1996	岡田斗司夫『オタク学入門』刊行｜『ポケットモンスター』発売｜『サクラ大戦』発売
1997	『ファイナルファンタジーVII』発売｜『To Heart』発売｜『もののけ姫』公開
1998	『ブギーポップは笑わない』刊行｜セガドリームキャスト発売
1999	2ちゃんねる開設
2000	プレイステーション2発売｜斎藤環『戦闘美少女の精神分析』刊行｜『月姫』発売
2001	『イリヤの空、UFOの夏』刊行｜エロゲー『はじめてのおるすばん』騒動
2002	「ギコ猫」商標問題｜『ガンダムSEED』放送開始｜『ひぐらしのなく頃に』発売
2003	『涼宮ハルヒの憂鬱』連載開始｜『デスノート』連載開始
2004	『電車男』刊行｜奈良小1女児殺害事件｜「フィギュア萌え族」騒動
2005	「のまネコ」問題｜ブログでコミケを「きんもー☆」と書いた飲食店の従業員批判される
2006	『涼宮ハルヒの憂鬱』放送開始｜ニコニコ動画スタート
2007	「初音ミク」発売｜『らき☆すた』放送開始｜『新劇場版ヱヴァンゲリヲン序』公開
2008	秋葉原連続通り魔事件｜夏のコミケで参加者の手荷物確認を実施

第3章では、オタクという言葉を巡る数十年の変化を振り返る。ご存知の人も多かろうが、オタクという言葉の出発点そのものは1990年代以前に遡り、オタクらしい趣味ジャンル、オタクらしい趣味活動、オタクらしい人はもっと前からあった。とはいえ、それらは現在よりずっとマイナーだったしオタクに相当する人は「マニア」や「コレクター」と呼ばれることのほうが多かったように思う。

敢えて1990年代からと銘打ったのは、それが私自身が本格的にゲームに打ち込んでいった時期だったこと、オタクに対する世間の目線が特別に厳しかった時期だったことに由来する。2024年現在、オタクらしい趣味ジャンルとオタクらしい趣味活動は広く受け入れられ、日本が世界に誇るユースカルチャーの総本山のようにみなされているが、これは1990年代には考えられないことだった。

そしてオタクの歴史は、案外、日本の若者のライフスタイルの先進国化、いや超-先進国化とでもいうべき変化のあらわれでもあるように思われるのだ。

　オタクは個人主義者であると同時に、たとえば同人誌などの二次創作に示されるように想像力の世界に遊ぶことに長けた人々でもあった。オタクの歴史は、日本の若者のライフスタイルの歴史とも、オタク的な想像力の広がりの歴史とも重なり合う。オタクたちに愛されていたアニメやゲームが日本社会や全世界に受容されていった歴史は、案外、社会や思想を紐解くヒントになり得るのではないだろうか。そんなことを頭の隅っこで考えながら、オタクと私の約半世紀について書いてみる。

オタクとは何であったか

　2024年から過去を振り返って驚くことはたくさんあるが、「オタク（おたく）」という言葉が半世紀近く使われ続けたこともそのひとつだ。もともとは「おたく」とひらがなで書くことが多かったが、本書では、現在に連なる「オタク」というカタカナ表記に統一していく。

　表記の移り変わりがあったにせよ、この言葉は世間よりも趣味を重視するライフスタイルの意味を含みつつ、アニメ・漫画・ゲーム・アイドルといった現代視覚文化の生産者や消費者の意味合いをも含み続けた。もちろん、鉄道オタクや軍事オタクという具合にその他の趣味ジャンルの愛好家をオタクと呼ぶことはある。ところで鉄オタや軍オタは、趣味よりも世間を重視する趣味愛好家だっただろうか？

そうではあるまい。鉄オタや軍オタに限らず、原初よりオタクという言葉には、世間や社会関係を重視するのでなく、世間におもねることもなく、その趣味対象を自分が愛したいとおりに愛する者という意味があった。そのように趣味対象を愛したうえで、自分にとって都合の良い想像を脳内補完することに長けているのがオタクだった。

おっと、少し先走りすぎてしまったかもしれない。

ここから、私が見聞きし、僭越(せんえつ)ながら当事者としても歩いてきたオタクなるものについてまとめる。が、その前にオタクという多義的な言葉に、本書で用いるかりそめの定義を与えておきたい。

さきほど書いたように、オタクという言葉は少なくともふたつの重要な定義を含んでいる。

ひとつめの定義は、それ以前から長らく使われていた「マニア」という言葉に近く、ひとつの趣味ジャンルに時間やお金を費やす者・夢中になる者、というものだ。これは「ライフスタイルとしてのオタク」の定義とでもいうべきものだ。

もうひとつの定義は、現代視覚文化の生産者や消費者といった意味のオタクである。あらかじめ断っておくと、この「現代視覚文化」という言葉はオタクを題材にした漫画『げんしけん』（２００２年から２０１６年）から借用したものである。

『げんしけん』に出てくるオタクたちは皆、漫画やアニメやゲームといった、現代社会ならではの視覚中心のメディアを愛好するオタクとして描かれている。精神科医の斎藤環は著書『戦闘美少女の精神分析』のなかで「二次元で抜けるのがオタク」と述べたが、それはさておき、ここでいう現代視覚文化が、視覚が第一、聴覚が第二で、触覚や嗅覚や味覚をほとんど伴わないことは注目に値する。オタクが好むメディアには身体性が伴わないことが多い、と言ったほうが良いだろうか。ともあれ、このふたつめの定義は「趣味ジャンルとしてのオタク」とでも言うべきものだ。

私が生きた半世紀は、日本社会にこのオタクが増え続け、少数派から多数派へ、マイナーからメジャーへ変わり続けてきた半世紀でもあった。ライフスタイルとしてのオタクが増え続けただけでなく、趣味ジャンルとしてのオタクも巨大産業化し続けてきた、と言って構わないだろう。

子ども向けだったはずの漫画が大人も嗜むものへ、引き続いてアニメやゲームやライトノベルまでもが大人も嗜むものへと変わっていったのも変化の一部だ。たとえば20世紀において、アニメは「テレビまんが」とも呼ばれ、漫画よりもさらに対象年齢の低いメディア、成人になっても夢中になっているのはおかしなものと世間ではみなされていた。

ところが何歳になってもアニメに夢中になる人は増え続け、やがて成人がアニメを嗜むことも異常視されなくなった。近年は成人の鑑賞に足るアニメ、むしろ成人をターゲットとしたアニメも珍しくない。今日の状況は「ライフスタイルとしてのオタク」がカジュアルになっただけでなく、「趣味ジャンルとしてのオタク」、つまり現代視覚文化を長く楽しみ続けるための環境も整った、その両方に依っていると考えたほうが良い。

第３章の物語は、そうしたライフスタイルとしてのオタクがとても困難で、現代視覚文化も日本のユースカルチャーのなかでマイナーだった時代からスタートする。

「兄貴は自室を他人に見せたがらない」

オタクとその歴史はどこまでさかのぼるべきか？　どのジャンルでも歴史のスタート地点を巡る言説はエスカレートしがちだが、私は、そうした蘊蓄（うんちく）の披露合戦にエネルギーを費やすことに意味を感じない。ごくシンプルに、私の生まれた１９７５年を本書におけるスタート地点としておく。

１９７０年代の段階で、今日のオタクに相当するライフスタイルや趣味ジャンルが存在していたのは間違いない。１９７５年12月21日には第１回コミックマーケットが開催され、７００人が集まったとされる。この年はマイクロソフト社が設立された年、ビデオデッキ（ベータデッキ）が発売された年でもある。現在のネットスラングで〝薄い本〟とも呼ばれる同人誌も、その二次創作作品が１９７０年代には既に存在し、コンピュータゲームの分野では１９７８年にスペースインベーダーが一大ブームを巻き起こした。そうした時代の出来事、とりわけ東京における出来事は中島梓（栗本薫）、大塚英志、宮台真司らの著書に詳しい。

だが１９７５年に生まれた私は彼らよりずっと年下で、ずっと田舎に住んでいたから、オタク的なものに触れるには１９８０年代を待たなければならなかった。そして１９８６年に私が初めてオタクと呼べる人物に出会ったのは東京や大阪といった大都市でも、石川県の県庁所在地である金沢でもなかった。

それは実家から数百メートル離れたところに住んでいる、とある同級生の家での出来事だった。第１章でも述べたように、私の地元は地域共同体がしっかり残っていて、大人も子どもも「地元」に包まれているはず、だった。ところが小学校６年生のあるとき、A君という同級生の兄がそうでないと聞き、私はびっくりした。

「俺の兄貴は、町内の祭りにも行事にもぜんぜん参加しないよ」

なかなかクラスが一緒にならなかったこともあって、私はA君とその家庭についてよく知らなかった。けれども6年生になってクラスが一緒になり、ゲームの話をしているうちに仲良くなり、今まで知りもしなかったA君の兄貴について初めて聞かされたのだった。

「兄貴、すげぇゲームに詳しいから、今度うちに遊びに来てみなよ」

その数日後、A君の家に遊びに行ったときに、その兄貴に会う機会を得た。

ちょうど私たちがファミコン版『ドルアーガの塔』を登りはじめた頃に、彼が高校から帰って来た。見た目も話しぶりも普通のお兄さんだったが、『ドルアーガの塔』にも詳しく、ファミコンを囲んで話に花が咲いた。私やA君がゲーム攻略本を見ながら各階の宝箱を出現させていたのに対し、A君の兄貴はすべての宝箱の中身と出現方法を暗記していて、コントローラを握るや、攻略本に頼らず宝箱を次々と出現させていた。これに限らず、兄貴はあらゆるゲームに精通し、どれをプレイしても圧倒的に上手かった。

以来私は、月に何度かA君の家に出かけ、時折その兄貴とも一緒に遊んでもらっていたのだけれど、あるとき、兄貴が「オレの部屋に凄いゲームがあるんだけど」と誘ってきた。

写真9
ファミコンブーム、3年半で1千万台突破
1986年
写真提供：共同通信社

過去、「兄貴は自室を他人に見せたがらない」とA君から聞いていたので、アリババの洞窟がついに開いたと私は密かに喜んだ。好奇心を膨らませる私を待っていたのは、田舎の子どもが見たこともない極彩色の世界だった。

フローリングの床には、漫画やマイコン雑誌『BASIC マガジン』が足の踏み場もないほど散らかり、箪笥の上には値段の高そうなZガンダムやバイファムのフィギュアが飾られていた。ベッド脇には等身大サイズの美少女のポスターが貼られていて、そのすぐ傍には、黒々とした、威圧的な出で立ちのパソコンが鎮座していたのである。

「これ、やってみなよ」

その、X68000というパソコンを立ち上げて勧められたのは、『サンダーフォースⅡ』というシューティングゲームだった。ファミコンとは比較にならないグラフィックと音源に私はすっかり感動してしまった。親の仕事の都合で自宅にPC-9801のある家庭は珍しくなかったし、『ザナドゥ』や『スーパー大戦略』といった当時の有名PCゲームをプレイする機会ならば田舎の小学生にもあった。けれどもそのX68000というPCは親の仕事とは無関係で、A君の兄貴の遊びのためだけに存在していた。ファミコンとは比較にならないほど高価なのはいうまでもない。

これが、私が生まれて初めて目撃した「オタクの部屋」だった。X68000とその性能も衝撃的だったが、部屋全体が兄貴の趣味に費やされ、フィギュアや雑誌やポスターやPCで埋め尽くされているのも同じぐらい衝撃的だった。というのも、これまで私は個人のためだけの部屋というものを見たことがなかったからだ。

「部屋や住まいはどこまで個人のもので、どこまで家族やイエや地域共同体のものか?」——少なくとも昭和時代の田舎では、部屋や住まいは完全には個人のものたり得なかったように思う。もちろん昭和時代も後半のことだから、「寝室にはよその子どもを入れない」程度のプライバシー感覚は存在したし、子ども部屋そのものは普及しはじめていた。とはいえ、当時の子ども部屋はプライバシーの聖域からは程遠く、要らない部屋をあてがわれるものだったり、親の持ち物や旅の土産品が飾られていたり、押し入れに家族の衣類がしまわれていたりもした。

つまりA君の兄貴の部屋が地元のファミコン好きの子どもの部屋と決定的に違っていたのは、部屋全体が「ライフスタイルとしてのオタク」に特化し、現代視覚文化のコンテンツに完全に塗りつぶされていた点だった。A君の兄貴に限らず、オタクは、地域共同体のしがらみや学校や職場の社会関係とは無関係に、自分が見たいものだけを自室に収集し、自分が体験したい事だけを貪欲に追いかけ続ける。大容量のSSDやクラウドやスマートフォンのなかった1980年代の段階では、ライフスタイルに特化した部屋はオタクにとって必須のストレージ領域でもあった。A君の兄貴は今日のオタクの定義に照らしても十分にオタクで、濃密な地域共同体のなかにあって孤島の住人のような存在だった。

オタクならば、そのようなライフスタイルと部屋に違和感はおぼえないだろう。しかしこの段階の私にはそのライフスタイルが非常識なものに見えて、羨む気持ちよりも戸惑う気持ちのほうが大きかった。その戸惑いは当時の私だけのものではあるまい。同時代の大半の人々がA君の兄貴の部屋をそのように眺めただろうし、オタクに非難がましい目線を向ける人々は今日でもそのように眺めるかもしれない。

最先端の消費者としてのオタク、新人類

A君の兄貴に出会ったのは１９８６年のこと。当時はオタクという言葉はまだそれほど知られておらず、私もこの時点で彼をオタクとは認識していなかった。

ここでオタクという言葉の来歴にも少し触れよう。オタクという言葉の初出には諸説あるが、負のニュアンスとともにはっきりと記録が残っているのは、１９８３年の漫画雑誌『ブリッコ』のなかで編集者の中森明夫が『『おたく』の研究」という名で著わしたコラムである。そのコラムには、今日でもオタクがネガティブに語られる際のステロタイプがほとんど記されている。そのステロタイプとは、「自分の趣味だけ追いかけていて周囲のことは意に介さない、学校では日陰者だ、コミュニケーションにも運動にも問題があり、身だしなみやファッションにも無頓着」といったものである。

驚くべきことに、このとき中森が記したオタクのステロタイプは２０２４年になっても「キモオタ」という言葉のなかにほとんど原型を留めている。後で触れるように、「ライフ

スタイルとしてのオタク」と「趣味ジャンルとしてのオタク」は次第に市民権を得てカジュアル化が進んだため、現在はポジティブなニュアンスでオタクを自称する人も珍しくない。ところが40年以上経ってもなお、オタクがネガティブに語られる際の内容は中森のコラムのそれと違わないのである。

そうしたオタクの負のステロタイプを世間に広く知らしめたのは、1988年から1989年に発生した宮崎勤死刑囚による東京・埼玉連続幼女誘拐殺人事件だった。事件そのものが猟奇的だったうえ、犯人が「今田勇子」の名前でマスメディアを挑発する等、報道が加熱するには十分な条件が整っていた。この宮崎勤自身と彼が逮捕されたときに公開された彼の部屋が、オタクの負のステロタイプに、ひいてはオタクを不気味な犯罪者予備軍とみるイメージの成立に与えた影響は小さくない。

評論家の大塚英志によれば、マスコミが猟奇的なオタクとして宮崎勤のイメージを広める際には誇張があったという。誇張も含めた報道のあり方に大塚は苛立ち、やがて「M君（宮崎勤）は自分だ」という論陣を展開していく。

写真10
宮崎勤容疑者の自室
1989年、東京都五日市町
写真提供：共同通信社

この大塚の態度を私がはじめて知ったのは21世紀初頭のこと、私自身がオタクとなって世間の冷たい目線をひしひしと感じていた頃だったので、彼にはシンパシーをおぼえたものである。しかし、A君の兄貴の部屋に衝撃を受けた頃を思い出すとき、たとえマスコミによる誇張がなかったとしても、宮崎勤のライフスタイルとその部屋は田舎者には異様な、理解不能のものと映っただろうとも思うのである。もう少し言い換えると、宮崎勤の部屋から地域共同体や血縁共同体の一員としてのライフスタイルを想像することは困難である。

では、都市部の個人主義者として宮崎勤はどうだったのか？　たとえば第2章で紹介した『なんとなく、クリスタル』で描かれているクリスタル族とも宮崎勤はかけ離れていた。クリスタル族的なライフスタイルを発展させ、バブル崩壊後も長らくユースカルチャーや若者のライフスタイルの雛型となったのは、１９８６年に流行語大賞にも選ばれた「新人類」と呼ばれる都市部の個人主義者だったが、さきほど挙げた『『おたく』の研究』をとおしてオタクバッシングの原型を作ったのは、ほかでもない、「新人類」の旗手の一人とみなされていた中森明夫だったのである。

ということは、当時のオタクとそのライフスタイルは、同時代のふたつのマジョリティから異端とみなされていたといえる。
ひとつは、地域共同体に所属するのが当たり前だと考えているレイトマジョリティ的な人々で、A君の兄貴の部屋に衝撃を受けた当時の私もここに含まれる。
もうひとつは『「おたく」の研究』をとおしてオタク批判を行った中森をはじめとする当時のアーリーアダプターとしての新人類、それからそのフォロワーに相当するアーリーマジョリティたちだ。

どちらから見てもオタクのライフスタイルは自分たちのそれに一致せず、一致しないから理解できない。理解できないからなおさら不気味にもみえる。不気味なものは、良いものとして語るよりも、悪いものとして語りたくもなるだろう。長らくオタクバッシング的な報道が繰り返されたのは、オタクとそのライフスタイルが新旧両方のマジョリティから逸脱していたからではなかっただろうか。

都市部でキラキラした個人生活を志向する新人類と、自分の見たいもの・体験したいものを一心に追いかけるオタクは、どちらも個人主義者である点は共通し、どちらも当時のアーリーアダプターだった。実際、社会学者の宮台真司は共著書『サブカルチャー神話解体』

のなかで、「1973〜1976年にかけて新人類とオタクは混融したかたちで誕生したが、1977年以降、新人類的なものが上昇しはじめ、(対人コミュニケーション能力によって)オタク的なものと分化した」と述べている。だが、共通先祖から分化したからこそ、新人類とオタクは相いれない。大塚英志は『「おたく」の精神史』のなかで、「新人類は消費や商品選択をとおして自己演出する人々、オタクは自分の嗜好に基づいた消費や商品選択に没頭する人々」と両者の違いを言語化した。

たとえばクリスタル族、ひいては新人類は、高価なブランド品や洒落たお店、東京の地名を活用して自己演出し、それらをコミュニケーションのなかで駆使してみせる。そのためならアカデミックな書籍や向精神薬まで商品選択してみせるだろう。1980年から1990年代に起こった心理学ブームやニューアカデミズム(ニューアカ)ブームは、彼らの自己演出のための商品選択の一端として理解することもできる。1990年代にはそうした個人主義的ライフスタイルが全国津々浦々にまで浸透し、レイトマジョリティをも巻き込んでいったのは先に述べたとおりである。

対照的に、中森が批判してみせたオタクとは、自分の趣味に注意もお金も時間も集中させ、新人類的な自己演出には無頓着な人々だった。宮台真司の論述や、中島梓（栗本薫）の著書『コミュニケーション不全症候群』の論述には、オタクがコミュニケーションする意志と能力の両方を持っていなかったように読み取れる部分がある。

そしてここでも「ライフスタイルとしてのオタク」と「趣味ジャンルとしてのオタク」の双方がオタクか否かの分水嶺になり得る。

それはどういうことか。新人類だってアニメを観ることはあるし、田舎の子どもも漫画やゲームに夢中になることはある。だが新人類がアニメを観るとき、それは商品選択や消費をとおした自己演出の一環として、あるいは対人コミュニケーションの一環として観なければならないのであって、その妨げとなるような作品を、妨げとなるかたちで消費するわけにはいかなかった。

地域共同体に属していた田舎の子どもも同様である。漫画やゲームを楽しむのは構わないが、共同体から異端視されそうな作品を楽しんだり、異端視されそうな楽しみ方をしたりするのはオタク的であるとされ蔑視された。

たとえば漫画『きまぐれオレンジ☆ロード』や『美少女戦士セーラームーン』を田舎の男子が読んでいても異端視されるおそれはないが、それらのパロディをアニメ雑誌『ファンロード』などをとおして楽しんでいればオタク的とみなされ、異端視され得る。同じく田舎の女子が『キャプテン翼』や『聖闘士星矢』を毎週楽しみにしていても誰も何も言わないが、それらを「やおい」として楽しんだり二次創作の同人誌を作ったりすることはオタク的とみなされ、異端視された。

「この気持ち悪いオタク！」

おまえ（私）はオタクか否か？
その作品・その趣味は異端か否か？

私が思春期の一番多感な時期を過ごしたのは、こうしたユースカルチャーの異端審問が（濃淡はあるにせよ）青少年の間に広く共有され、オタクならば嫌悪して構わないという御墨付きがマスコミをとおして絶えず確認されていた時代だった。
そしていったんオタクとみなされれば（現在でいう）スクールカーストが自動的に最下位

になる。オタクか否か、誰がオタクであり誰がオタクでないのかはセンシティブな問題だった。１９９６年に出版され、２０００年に文庫化された岡田斗司夫『オタク学入門』の冒頭に、当時のＮＨＫでオタクという言葉が放送禁止用語に指定されていたとあるが、こうしたいきさつを踏まえるなら理解できることだし、それぐらいオタクという言葉にはスティグマ性が宿っていたのである。

私自身、中学生時代に同級生女子から「この気持ち悪いオタク！」という罵声を浴びたことがある。

当時の私は不登校から復学して間もなく、学校でもゲームの話ばかりしていたし、自分の身なりや言動も世間に流通するオタクのイメージからそれほど遠くなかった。私は真性のゲームオタクと言えるほどゲームができていたわけでなく、Ａ君の兄貴のようなオタクの部屋を持てていたわけでもなかった。それでも中森明夫が作りあげたオタクのステロタイプに外見や言動が近ければオタクというレッテルを貼って構わなかったし、実際、同級生女子はそのように振る舞ってみせたのである。これは中学2年生のとき、１９８８年の出来事だとはっきり記憶しているから、宮崎勤の事件が発覚する1年前の段階で、すでに田舎の中学校にまでオタクの悪いイメージは伝わっていたと考えられる。

オタクというレッテルに怯える状況は、近くの街の進学校に入ったことでいくらか緩和された。そこは地元のウチとソトの論理があまり働かず、新人類的なライフスタイルの同級生さえ存在する場所だった。オタク的なライフスタイルも同様である。進学校では、そこそこ勉強ができればあまり下に見られる心配もない。アニメ『オネアミスの翼』やテーブルトークゲーム『ダンジョンズ&ドラゴンズ』が話題としてある程度流通し、オタクをあげつらいバッシングする圧力も中学校より弱いことをいいことに、私はめきめきとゲームを遊び、放課後はゲーセンを居場所にしていた。

大学に進学してからはますますゲームに専心するようになり、医学部の勉強に劣後しかけた一時期を例外として、大学よりもゲーセンで時間を過ごすようになった。松本市で一人暮らしを始めた私は、晴れてオタクという個人主義者になったのである。

とはいえ、オタクという言葉が負のレッテルだった社会状況から完全に自由になれたわけでもない。同級生同士の間でオタクという言葉が罵倒語として用いられることはほとんどなくなったが、脱衣麻雀ゲームやアダルトPCゲームなどは異端扱いとまではいかなくても、冷やかしの対象にはなった。「ライフスタイルとしてのオタク」も同様である。私の周辺には、「社会性をなげうってまで自分の好きなジャンルにのめり込むことにはリスクがある」という感覚があった。

ゲーセンは、そういう意味ではオタクというレッテルから少し距離を置きやすい場所だったかもしれない。たとえば大学時代にお世話になった松本市のゲーセン「プレイシティキャロット松本」には全国級のプレイヤーが複数いたが、彼らはゲームの腕前が傑出しているだけでなく、身なりにも隙がなかった。ゲームオタク（ゲーオタ）にとって、ゲーセンはただゲームをプレイするだけの場ではない。他のプレイヤーやギャラリーから視線が集まり、プレイヤー同士で交流する場でもある。トッププレイヤーたちの言動はゲーム至上主義的だったが、交流する場としてのゲーセンにふさわしいＴＰＯは弁(わきま)えていた。

彼らはオタクを自称せず、自分たちのことを「マニア」と呼んだ。ここでいうマニアは「マ」を少し弱めに、尻上がりにアクセントをつけるような発音をする。実際、一瞥(いちべつ)しただけで彼らをオタクと連想するのは困難だっただろう。１９９０年代の私は、その「マニア」たちに畏敬の念を抱きつつ、私自身も『バトルガレッガ』や『怒首領蜂(どどんぱち)』といった弾幕シューティングゲームをねじ伏せる技量を身に付けようとしていた。インターネットがまだ普及していない時代だったから、ゲーセンが人や情報を結びつけるハブの役割を担っていた。ゲーセンには「ゲーセンノート」というコミュニティーノートが置かれ、今でいうスラックやライングループのようなやりとりが行われ、遠くのゲーセンの常連同士がお互いに遠征しあう「遠征文化」も存在した。

確か、ゲーセン専門誌『アルカディア』で行われたアンケート結果において、ゲーセンに通うゲーオタは携帯電話の保有率や使用率が全国平均より低かったと私は記憶しているが、それは、ゲーセンに行けば誰かにだいたい会えて、待ち合わせをする際にもゲームをプレイしていれば退屈しないし、ゲーセンノートも機能していたおかげで携帯電話がなくてもあまり困らなかったからだと思う。

1990年代のゲーセンはUFOキャッチャーが置かれ、女性客も珍しくなくなり、1980年代の〝不良のたまり場〟的なイメージからはだいぶ遠ざかっていた。とはいえ、当時のユースカルチャーの王道、つまり新人類やクリスタル族に端を発し、トレンディドラマなどをとおして全国に広まった消費スタイルやライフスタイルとも隔たっていて、ファッショントレンドなどを意識する必要はなかった。授業をさぼる学生や営業のサラリーマンも集まるゲーセンという場所は、誰がオタクであり誰がオタクでないかを意識せずたゆたっていられる社会の片隅、そしてアジールだった。1995年にプリント倶楽部（プリクラ）が登場し、女子学生が大挙して押し寄せるようになった後も、それは基本的には変わらなかった。

「おまいらキター・おれらキター」量産されるオタク

医学部を卒業すれば研修医としての生活が始まる。医療の道に入門しながらゲーオタとして第一線に踏みとどまれるほどの時間とバイタリティは私にはなかった。そして今日のFPS（ファースト・パーソン・シューティングゲーム）のトッププレイヤーたちがそうであるように、私も20代後半になって動体視力や集中力の低下を意識し始めるようになった。

「現代視覚文化は中年の顔をしていない」。それでも2010年代まで、私は引き続きゲーセンに通おうと努力を積み重ねてきたが、弾幕シューティングゲームの新作があまりリリースされなくなったうえ、エックスボックス360やスチームでアーケードゲームがそのまま遊べるようになったので、私は次第にゲーセンからフェードアウトし、自宅にゲーミング環境を整えるようになった。これは、ゲーセンという場が衰退していった時期とも重なる。たとえば渋谷センター街の有名ゲームセンターだった「渋谷会館」が閉店したのは2013年のことだ。その後、コロナ禍が衰退に追い打ちをかけ、さらに多くのゲーセンが閉店に追い込まれた。

そうしたなか、ゲーセンに代わる新しい社交場として私が出入りするようになったのはインターネットやパソコン通信の世界だった。疲れきった仕事帰りにゲーセンに向かうのはしんどいが、帰宅後にオンラインにアクセスするのはそこまでしんどくない。午後11時、テレホーダイの時間がやって来ると私は回線の向こう側に旅立った。そこはありとあらゆる種類のギークとナードとオタクが集まる夢空間だった。私は日本中のオタクとゲームやアニメについて会話するようになり、オフ会に足しげく出かけるようにもなっていった。

オンラインで知り合うオタクたちの大半は、（前述の）「マニア」的な人物ほどストイックではなく、嗜みのようにゲームを遊び、漫画やアニメにも親しみ、ビジュアルノベル（当時はその少なくない割合が「エロゲ」と呼ばれるアダルトPCゲームで占められていた）にも造詣（ぞうけい）があり、コミックマーケットに時々出かけるようなオタクたちだった。

彼らは『げんしけん』一期に登場したオタクたちと相同であり、実際、『げんしけん』で現代視覚文化と括られたコンテンツをだいたい履修していた。彼らは、否、私たちはたとえばガイナックスに集まって自分たちでアニメを作りあげた年上のエリートオタクたちには遠く及ばない量産型のオタクだったが、こんなにライフスタイルも趣味ジャンルも近しいオタクが世の中にはいたのかと驚きもした。

そうした量産型のオタク同士がウェブサイトのリンク集や匿名掲示板をとおして急激に繋がり始めたのが、1990年代後半から2000年代にかけてだった。のちのち、オタクと現代視覚文化がより広い裾野を持つようになってから「オタクがカジュアル化した」と言われるようになったが、より古参のオタクたちからみれば、この段階でオタクのカジュアル化や大衆化が起こっていたといえる。

西暦2000年前後のインターネットの普及期においてさえ、オタクという言葉は世間的にはいまだ烙印(らくいん)であり、当のオタクたち自身も取り扱いに注意を要する言葉として用いていた。その兆候のひとつが、オンラインでもオフラインでも「オタク」という言葉の対義語として用いられた、「一般人」や「カタギ」といった言葉である。「オタクから足を洗ってカタギになる」「オタクであることを一般人にカミングアウトする」といった言い回しがどこのオタクコミュニティでも通用したものである。

当時、オタクという言葉を仲間内で用いる際には、次のような意識が混在していた。自分たちはオタクとして境遇やコンテンツやライフスタイルを共有しているという共犯意識、なおも異端者とみなされる世間からの評価に対する抵抗感や自虐、そして求道者としてのオタクを自認するには自分はまだまだ未熟だという謙遜の意識、等々。そうした微妙なニュアンスの一端は、2ちゃんねるで用いられる「おまいらキター」や「おれらキター」といったフレーズにもちゃんと宿っていた。

この時期は「萌え」という言葉がオタクの間で流通していた時期でもある。この「萌え」も、当時のニュアンスはなかなか複雑で繊細だった。２０２０年代の「推し」のように第三者に披歴(ひれき)できるような態度で「萌える」オタクは少なく、自分の気持ちをこっそり打ち明けるような、奥ゆかしい態度を伴うことが多かった。そして「推し」のようにたくさんのファンが息を合わせて一人のキャラクターを応援する態度ではなく、自分自身とキャラクターが一対一の関係であることが前提で、それは当時セカイ系と称された作風にも対応するものだった。感情移入の橋頭保（きょうとうほ）となる主人公＝オタク自身とヒロインの二者の物語がそのまま世界の物語と重なり合うセカイ系の作風は、複数のヒロインやヒーローをプロデュースする２０１０年代以降に台頭した作風とも、ましてヒロインやヒーローを複数のファンが御神輿（おみこし）のように推す２０２０年代の風潮とも異なっている。

その「萌え」も、2ちゃんねるが発祥とされる恋愛物語『電車男』が２００５年に映画化・ドラマ化で大ヒットした影響を受けて、広く知られていった。オタク以外にも理解できるようにするために「萌え」に宿っていた複雑なニュアンスは切り落とされ、テレビタレントたちは「萌えー」と語尾を延ばしたような、オタクならまず言わないような言い方でそれを表現した。それが祟ったわけでもあるまいが、その後、「萌え」という言葉は急速に廃れていく。

オタクとサブカル

そうしたオタクたちに混じって、アニメやゲームを消費や商品選択の対象とし、そのセレクトをとおして自己演出する人もいた。

彼らはオタクではなく「サブカル」を自認していて、新人類やクリスタル族のようなことをアニメやゲームや特撮、さらに音楽やミステリー小説なども含めたユースカルチャー全体でやっていこうとする人々だった。雑誌でいえば1994年から出版された『クイック・ジャパン』が、店舗でいえば2000年代前半に躍進したヴィレッジヴァンガードがサブカル向けだったとしばしばいわれる。2000年代初頭にインターネットで流行っていた「テキストサイト」という媒体には、そうしたサブカルに当てはまる人もたくさんいて、「侍魂」などの有名テキストサイトを運営していた。

サブカルとオタクの違いを、もう少し説明しよう。

たとえば1995年から1996年にTV版が放映され、1997年に劇場版が公開された『新世紀エヴァンゲリオン』にはオタクもサブカルも引き寄せられたものである。その際、オタクはエヴァンゲリオンの好きなところ、エヴァンゲリオンの好きなキャラクターを語り、サブカルはエヴァンゲリオンをとおして自分のチョイスの確かさやセンスの良さを語った。同じことが、ビジュアルノベルの『雫』や『AIR』や『沙耶の唄』にも、ライトノベルの『ブギーポップは笑わない』や『イリヤの空、UFOの夏』や『涼宮ハル

写真11
急成長する異色の本屋「ヴィレッジ・ヴァンガード」の菊地社長
1997年
写真提供：朝日新聞社

ヒの憂鬱』にも当てはまった。『涼宮ハルヒの憂鬱』でいえば、「長門有希は俺の嫁」などと語りたがるのがオタクで、『涼宮ハルヒの憂鬱』のＳＦ性や新規性に言及することをとおして巧みに自己演出をやってのけるのがサブカルだ。

新人類の旗手の一人だった宮沢章夫が記した『東京大学「80年代地下文化論」講義』によれば、１９８０年代に新人類とオタクの間に対立があっただけでなく、のちにそれはサブカルとオタクの対立へと継承されていったという。新人類という言葉が死語になり、高価なブランド品や高級グルメの消費をとおして自己演出することが若者に困難になっていくなか、サブカルたちはアニメやゲーム、ミステリー小説や映画などにも自己演出の道を見出していた。

ただし、新人類とオタクの起源が同一だったのに似て、サブカルとオタクも完全に峻別できるものではなかった。さきほど触れたテキストサイトにしてもそうで、たとえば当時の大手テキストサイトのひとつでインターネット上の話題を面白く紹介していた「ちゆ12歳」はサブカルともオタクともいえるスタンスだった。

ともあれだ。そうしてオタクたちが集ううちに、少なくともインターネットでは「ライフスタイルとしてのオタク」「趣味ジャンルとしてのオタク」が多数派になろうとしていた。この頃のインターネットはインスタグラムやSNSが当たり前になった現在と違って、オンラインの実生活とはたいてい切り離されていて、切り離されているのが好ましいという意見をよく見かけた。実名ではなくハンドルネームや匿名でやりとりするのはそういったことの反映だったし、「リアルバレ」は怖れられていた。

オタクたちのマスボリュームが社会的にも無視できなくなりはじめた出来事として、私は2005年の「のまネコ騒動」を思い出す。2ちゃんねるで愛されていたキャラクター(モナー)によく似たキャラクターをエイベックスのグループ企業が商標登録しようとしたことにネットユーザーたちが反対運動をし、中止に追い込んだものだ。

『電車男』の大ヒットよりも前の段階では、オタクはなお異端とみなされやすかった。たとえばジャーナリストの大谷昭宏は2004年の奈良小1女児殺害事件に際し、「フィギュア萌え族」という造語を持ち出し、オタク的な犯人像を物語っているが、そのようにオタクを異端として貶(おとし)め、趣味生活を邪魔だてしようとし、都合良く利用しようとする世間の風潮にインターネットに集ったオタクたちは敵対的だった。「のまネコ騒動」や『電車男』のヒットは、オフラインではいまだ異端とみなされがちだったオタクのマスボリュームが無視できなくなってきたこと、従来のマジョリティとは異なったライフスタイルや趣味ジャンルを持った人々のプレゼンスが高まりつつあることを示していた。

マス・マーケットとして発見されたオタク

『電車男』のヒットが合図になったかのように、地殻変動が可視化された。マイノリティにして被差別階級、スクールカーストの底辺とみなされていたはずのオタクに熱い視線が注がれ始めたのだ。木村拓哉やＧＡＣＫＴといった人気タレントたちが自分はオタクだとテレビ番組のなかでカミングアウトし、経済学者の森永卓郎が『萌え経済学』を著してオタクの経済効果について論じた。

実際、オタクはカネになった。就職氷河期以来、低調になっていた若者の消費動向のなかにあって、オタクは自分の愛するコンテンツとジャンルに惜しみなくお金を使う消費者として世に紹介された。さきほど書いたように、オタクは他人に対する自己演出としての消費には消極的だが、自分の好きなものにお金をかけることには積極的だ。そしてオタク同士の間では、自分の好きな作品やキャラクター、ジャンルにお金を費やすのは美徳とみなされがちで、アニメやゲームの舞台を訪問する〝聖地巡礼〟も流行りはじめた。

２００５年には秋葉原にＡＫＢ48劇場がつくられ、のちにＡＫＢ総選挙といった「推しメン」を推す一大キャンペーンを展開する先駆けとなった。第５章でも触れるが、２０００年代後半は今日に至るインターネットの主要インフラが次々に立ち上げられていく時期でもあった。ユーチューブやニコニコ動画、ツイッター（現Ｘ）などの黎明期には、（違法配信も含めてだが）現代視覚文化のコンテンツが大量にアップロードされた。２０００年代後半に十代を過ごした人々の脳裏には、違法配信されたアニメや、アニメの主題歌を歌ってみた動画や踊ってみた動画、ニコニコ御三家といったものがしばしば刷り込まれただろう。パチンコ屋・パチスロ屋の影響も無視できない。２０００年代は『新世紀エヴァンゲリオン』をはじめ、人気の漫画やアニメがパチンコやパチスロに次々に導入された時代でもある。

こうしたことがすべて重なった結果、「ライフスタイルとしてのオタク」「趣味ジャンルとしてのオタク」は世間の裏側から表側へと引っ張り上げられた。オタクを題材として2000年代に連載が始まった漫画『げんしけん』を振り返ってもそれがわかる。『げんしけん』は基本的にオタクの生活を楽しく描いた作品だが、それでも2002年から連載された一代目では、オタクがそうでない人々から馬鹿にされる様子、それに耐えるしかない様子がところどころ描かれていた。しかし2010年から連載が始まった二代目では、オタクのライフスタイルがよりライトに、影の少ないかたちで描かれている。

そうしてライフスタイルとしてのオタクも、趣味ジャンルとしてのオタクも変わっていった。人気タレントがオタクを自称し始めるぐらいだから、人生のリソースをアニメやゲームにそこまで費やしていない人、たとえば宮崎駿や京都アニメーションのアニメしか観ない人でも、オタクを名乗る・名乗れてしまう時代が到来したと言える。それはオタクのマスボリュームの拡大を示すだけでなく、オタクの濃さの希釈（きしゃく）をも意味し、異端の巣窟であると同時に日陰者のアジールでもあったオタクの世界にさまざまな人々がなだれ込んでくる合図でもあった。古参のオタクのなかにはそうした変化を嘆く人もいて、岡田斗司夫は2008年に『オタクはすでに死んでいる』というタイトルの書籍を出版している。

他方、オタクになろうとしてもなりきれない人もいた。たとえば2008年に秋葉原で連続通り魔事件を起こした加藤智大死刑囚は、インターネットでも秋葉原でもオタクたちの輪のなかに入りきれない人だった。2000年代中頃からこの事件が起こるまでの秋葉原は、週末の歩行者天国にはあらゆるオタク、あらゆる演し物で満ち溢れ、まさに〝趣都アキハバラ〟という呼び名に相応しい熱気に溢れていた。この頃は私も足しげく秋葉原に通い、ゲームやPCパーツを購入していたけれども、昔から秋葉原にいたオタクとは違うタイプの人々、たとえばオタクモドキといった風情の人々やオタクとは縁のなさそうな人々が急増しているのも肌で感じ取っていて、「秋葉原はどうなってしまうのだろう」とブログに書いていた。まさにその最中に起こったのが、加藤による事件だった。

加藤は過干渉な母親によって虐待同然の育てられ方をした。『週刊現代』によれば、その彼が事件の前に部屋に飾っていたのは『機動戦士Zガンダム』に登場する「キュベレイ」というモビルスーツ(戦闘用ロボット)のフィギュアだった。加藤はキュベレイの語源を知っていただろうか? ガンダムオタク、略して「ガノタ」なら知っていようが、キュベレイは古代、アナトリア半島で信仰された大地母神で、男性を去勢する恐るべき女神、息子を捉えて離さない嫉妬深い女神だった。この語源を知っていたなら飾っておきたいものではあるまい。だが、そうではなかった。

オタクも〝趣都アキハバラ〟も、こうして2000年代後半に急速に人口に膾炙(かいしゃ)し、やがて政府も「クールジャパン」などと呼んで期待をかけるようになった。このクールジャパンなる掛け声が、もはや日本のユースカルチャーの本流にすらなった現代視覚文化の発展にどれだけ貢献したのか、私は即答できない。

だが2010年代以降、現代視覚文化が躍進したのは明らかだ。新海誠のアニメ作品群や『鬼滅の刃』の大ヒット、そしてボカロ文化の系譜に連なる音楽が国内外で評価された。台北には日本と同じかそれ以上に現代視覚文化が溢れ、中国や韓国のクリエイターも質の高い作品を次々に送り出している。彼らが日本の現代視覚文化を研究したうえでオリジナリティを追求しているさまは、眺めていて楽しい。おそらく、こうしたオタクとオタクに由来する現代視覚文化の広がりは、後世の歴史の教科書に当時の日本文化として記されるだろう。

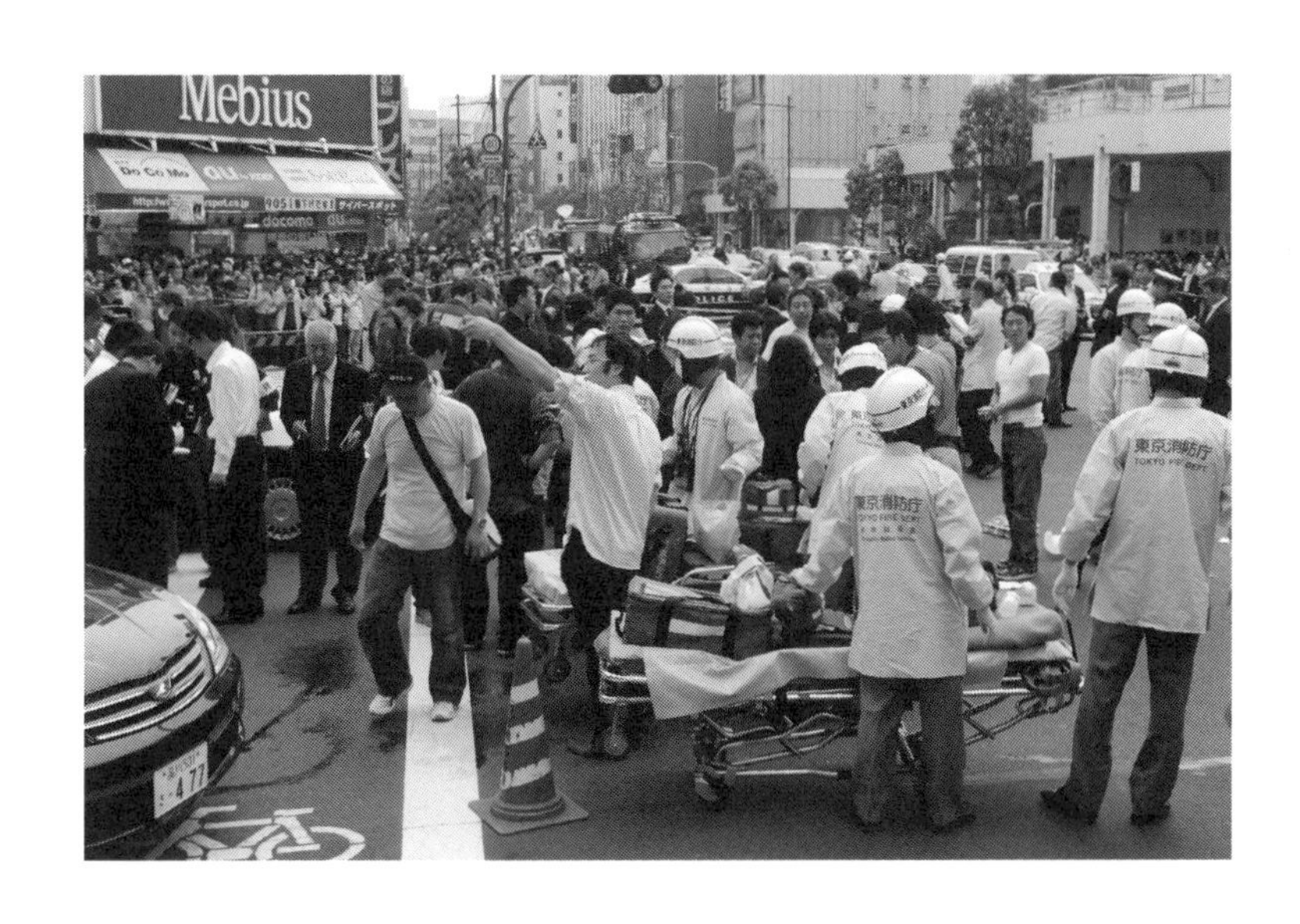

写真12
秋葉原で通り魔事件の現場付近
2008年、秋葉原
写真提供：共同通信社

「キモオタ」はどこへいった？

オタクが愛した現代視覚文化が広く受け入れられ、オタク自身も市民権を獲得するまでの話をした。オタクのライフスタイルや趣味ジャンルが異端とみなされていた時代を憶えている者の一人として、そのことを嬉しく思う。私と同世代のオタクや元オタクにも、そう思っている人は少なくないだろう。

けれども何もかもが解決したわけでも、誰も彼もが幸せになったわけでもなかった。岡田斗司夫に限らず、古参のオタクには、広く薄くなっていった変化に違和感をおぼえる人もいる。また、現代視覚文化がユースカルチャーの本流と言える位置へ移動したにもかかわらず、そのことを顧慮せず、マイナーだった頃とすべて同じであれ、それでいて社会のなかでメインカルチャーとしてのポジションであれと願う人もいる。

しかし社会の日陰でひっそり開花していた作品やキャラクターが、社会の日向（ひなた）に出て、たとえば公共のバスや地下鉄にまで描かれるようになったとき、どこまで描くことが許されるだろうか？　そうした議論は、ポリティカルコレクトネスや表現の自由といったテーマとも連動しながら、2020年代のインターネットにおいてきわどい話題であり続けている。

そして「推し活」も含めたオタク的なライフスタイルが広まり、現代視覚文化が世界的人気を獲得した一方で、オタク全員が社会的認知を得たわけでも、日向の存在になったわけでもなかった。

1990年代のオフ会に、コミュニケーションの不得手なオタクやぶつぶつと独り言を言い続けるオタク、自分の好きな話題になると機関銃のようにしゃべるオタクがいたのを思い出す。それでも当時はオタク同士であること、趣味を共有していることが重要だった。オタクならコミュニケーションが苦手だよね、というコンセンサスもあった。

今はそうではなく、オタクだからコミュニケーションができなくて構わないと思う者は少ない。そして現代視覚文化がメジャーになり、サブスクリプションをとおして万巻の作品にアクセスできる現在では、たとえば『鬼滅の刃』に詳しかったり新海誠の作品をすべて観たことがあったりするだけでは愛好家としての希少価値もない。アニメや漫画に多少詳しいぐらいでは、コミュニケーションの不得手な者のアイデンティティのよすがたり得ない時代がやってきた、とも言える。

SNSがオタクのたしなみとなり、そこでもコミュニケーション能力が当然のように問われるようになって以来、コミュニケーションの上手いオタクが目立つようになり、コミュニケーションの不得手なオタクが不可視化されていった。いや、彼らもどこかで独り、オタクを続けているのかもしれない。だが現在のSNS空間において彼らはサバルタン（声なき民）となっている。今日では、アニメや漫画もSNSでファン同士が繋がり合いながら消費することを前提として作られているから、そうした人々にとって現状は心地よい状況ではないだろう。

ちなみにオタクのライフスタイルやコンテンツが広まったとはいっても、インスタグラムでうつになる人々が教えてくれるように、新人類的・サブカル的な自己演出、そして自己顕示の欲求が消え失せたわけではない。その手法がオフラインしかなかった時代と様変わりしているだけである。が、それはここでは於こう。どうあれオタクはカジュアルとなり、往時のオタクほど濃い人は相対的に少なくなった。その一方で、「推し活」ブームをはじめ、オタク的なライフスタイルが大衆化し、かつては子どもとオタクの専有物だった作品やジャンルにも多くの人が触れるようになった。電車の中でソーシャルゲームを遊ぶ会社員を見るとき、あるいは、かつてオタク的感性の煮こごりだったはずの新海誠の作品が広く支持されているのを眺めるとき、私は良い時代になったと思うし、今という時を精一杯楽しんでおきたいとも思う。

と同時に、ふと思うのだ。

あのマシンガントークしてしまうオタク、あの独り言のたえないオタクの居場所はここにあるのだろうか、と。『グイン・サーガ』や『魔界水滸伝』の作者である栗本薫は、1991年に中島梓という変名で『コミュニケーション不全症候群』という本を書き、コミュニケーション不全なオタクについて論評を行った。彼女が述べたように、1990年代においてオタクの少なからぬ割合は、迫害される者であると同時にコミュニケーションの不得手な者から成っていたのはそうだろう。だが、だからこそオタクの内輪ではコミュニケーション能力があまり問われず、現代視覚文化は一種のアジールたり得た。オタクはソトから迫害されるかわりに、ウチにおいては誰とでも繋がれる――『電車男』や一代目の『げんしけん』まではおおむねそうだったはずである。

そのアジールが、オタクがメジャーになるとともに失われた。
今日、若いオタクたちとコミュニケートするとき、そのコミュニケーション能力のそつのなさに私は驚かされる。それだけに、コミュニケーションの不得手なオタクたちはいったいどこへ行ったのだろう、とも思わずにいられなくなる。

ここでは明確な答えを提示することはできない。
が、インターネット上で可視化されるのはコミュニケーションが可能な、ＳＮＳにおいてある程度のフォロワーを持ち、最低でもアカウントを長く続けられる程度の甲斐性とコミュニケーション能力を持った者ばかりだ。オフ会に出て来るオタクも基本的にはそうである。１９９０年代にはいくらでも見かけたオタクたち、それこそ『コミュニケーション不全症候群』に記されたようなオタクたちは透明になってしまった。今、彼らがありのままの自分でいられるユースカルチャーのジャンルはどこだろう？

それを知るには私は歳を取りすぎてしまった。その役割は私よりも若く、私には不可視なアジールに属している人に任せなければならない。それともそのようなアジールはどこにも存在せず、そうした人々はたとえば発達障害のようなかたちで医療の対象となり、治療と矯正の対象となっているのだろうか。

第4章

診断され、
支援され、
囲われていく
人々
2000年〜

1991	中島梓『コミュニケーション不全症候群』刊行
1993	鶴見済『完全自殺マニュアル』刊行
1994	アメリカ精神医学会の診断と統計マニュアル『DSM-IV』発表
1995	精神保健福祉法成立
1996	鶴見済『人格改造マニュアル』刊行 河合隼雄・村上春樹『村上春樹、河合隼雄に会いにいく』刊行
1996	日本初の非定型抗精神病薬リスパダール発売｜精神疾患の患者数が300万人を突破
1998	斎藤環『社会的ひきこもり』刊行｜中井久夫『最終講義』刊行
1999	天童荒太『永遠の仔』刊行｜日本初のセロトニン再取り込み阻害薬（SSRI）発売 アルツハイマー型認知症治療薬アリセプト発売
2000	『DSM-IV TR』発表｜『17歳のカルテ』公開 小此木啓吾『「ケータイ・ネット人間」の精神分析』刊行
2001	スーザン・フォワード『毒になる親』刊行
2002	精神分裂病が統合失調症に病名変更
2003	医療観察法成立｜小此木啓吾死去
2004	発達障害者支援法成立
2006	自殺対策基本法成立
2007	国内初のADHD専用治療薬コンサータ発売｜河合隼雄死去
2008	土井隆義『友だち地獄』刊行
2010	認知行動療法が保険適用となる
2012	琴葉とこ『メンヘラちゃん』刊行
2013	『DSM-5』発表
2016	相模原障害者施設殺傷事件
2018	借金玉『発達障害の僕が「食える人」に変わったすごい仕事術』刊行
2019	WHOがゲーム障害（ゲーム症）を病名として認定する
2020	コロナ禍が始まる｜精神疾患の患者数が600万人を突破
2022	『DSM-5 TR』発表｜中井久夫死去

この第4章では私が医学部を卒業し、精神科医となってからの四半世紀に精神医療の世界で見聞きしたことを紹介する。

21世紀以降の精神医療の変化について学術的なことが知りたい人は、より専門性が高く、客観的な資料を探していただきたい。本書はあくまで一人の精神科医のエッセイに過ぎない。

とはいえ、私が体験した出来事は同世代の精神科医たちの体験とそこまで大きくは違うまい、とも思っている。なぜなら同時代の精神科医は全員、エビデンスに基づいた国際的診断基準による診断と治療の普及や、発達障害（神経発達症）がトピックになっていく渦中にあっただろうからだ。

出来事は他の章の物語とも接続しあっている。それは地方と都市部の違いをうっすら反映し（第1章）、バブル崩壊以後の時代の問題を含み（第2章）、「コミュニケーションが苦手なオタクはどこへ行ったか」という問い（第3章）とも関連している。だからこれは、熊代亨という名のフィルタ越しに観た、精神医療と社会の物語と言っても過言ではないだろう。

「おまえ、何科に進むの？」

本章のプロローグとして、私が精神医学を学ぶちょっと前、医学部時代の昔話を少しだけさせていただきたい。

第1章では、私が不登校を経験し、「地元」的なものに束縛されない環境を望むようになった頃の話を書いた。その望みと家族の勧めが重なった結果、私が入学したのが信州大学医学部だった。

私が大学に入学した1993年は、細川連立内閣の成立や今上天皇（当時の皇太子と皇太子妃雅子さま）のご成婚が話題になった年だ。バブル景気が崩壊したといっても世相はまだ

写真13
正式に発足した細川連立内閣
1993年、皇居
写真提供：共同通信社

明るかった（第2章参照）。この頃の信州大学医学部は、医師国家試験の合格率こそ低くないものの、学生の留年率は50パーセントほどで、信じられないほどの勉強量が待っていた。進級の是非を判断する教官のなかには、非常に難しい問題を出す者もいた。

とりわけ怖れられていたのは顕微鏡でさまざまな臓器や器官を見て学ぶ授業の教授で、進級試験では、古くて腐っている顕微鏡標本を8秒だけテレビモニターで学生に見せ、英語と日本語で回答させていた。そうしたうえで教授みずから口頭試問も担当し、緊張してうまく答えられない学生に「君はなんにも知らないねえ」と言い放つさまは、まさに鬼教官といった風情だった。

それでも大学5年から6年生になる頃には、勉強や医学実習に追われながらも、私なりに学生生活を楽しむメソッドを確立していた。第3章でも書いたように、この時代はゲームオタクとしての私の全盛期にあたる。昼間の空き時間はゲーセンで、夜はパソコン通信やインターネットの世界にたむろするような、猶予期間（モラトリアム）の最後のひとときを満喫していた。

だが、ようやく慣れた学生生活にも卒業の時がやって来る。当時の私は、まったく、これっぽっちも、働きたくなかった。どんな仕事も朝から夕方まで出勤するものだし、なかでも医師という職業は夜遅くまで働くことが多いように思われたからだ。

そして患者さんとのコミュニケーションも問題に思われた。20世紀の終わりは患者さんを「患者さま」と呼ぶのが良いと言われるようになった時代であり、医療訴訟の件数が増え続ける時代でもあった。そうしたなか、医師として患者さんとコミュニケーションできている自分自身がなかなかイメージできなかった。

医学部も6年生となれば、意識のしっかりした学生たちは他大学の教室や有名研修病院の見学に出かける。大学内でも、それぞれの科の教室が新卒生のためのガイダンスや勧誘パーティーを始めるようになった。「おまえ、何科に進むの?」みたいな会話が増えていくなか、私はただ「働きたくないなあ」などとぼんやり思っていた。

重い腰をあげて、幾つかの科のガイダンスに出席してみた。学問としてはどの科も面白そうだから構わない。肝心なのは、不登校経験者にしてゲームばかりして遊んでいる私がサバイブできそうな科はどこか、ということだ。

とある内科系の教室は先生がたの雰囲気が和やかで、眼科は〝うちに入る学生は卒業試験を免除します〟と宣言していた。実際、眼科卒業試験の日、眼科に入ることを約束した学生は名前だけ書いた白紙の答案用紙を提出し、拍手に包まれながら試験会場を退場した。現在では考えられないことだが、当時の医学部ではそんなことがまかり通っていたのだ。

そんなある日、私は精神科教室のガイダンスの知らせを耳にした。

精神科。精神科の臨床実習のとき、私の受け持った患者さんについて解説してくれた教官は魅力的で、かつて、自分が哲学や心理学に憧れていたことを思い出させてくれる雰囲気を湛(たた)えていた。それに、精神科に入ればコミュニケーションについて教えてもらえるような気もした。ならば私は、精神科に入って自分自身のコミュニケーションの問題をどうにかすべきではないだろうか？

そうと決まれば善は急げ。個人的な願望を胸に、私はさっそく精神科医局に向かった。そこは不思議な世界だった。不思議な世界だったというほかない。イメージとしては、「満月の夜、１００歳の妖猫がワルツを踊り、スフィンクスが静かに神託を語り、アヌビスがビールを呑みながら『それが先生の病理ですねハハハ』と語らっているような、そんな空間」だった。そこにいる精神科医全員がバラバラの個性を持ちながらも、それでいて誰もが神通力を宿しているような、そういう集団が眼前に現れたのだ。

「ああ、自分はここで修行しよう、修行するしかない」

私の未来は、そのガイダンスで決まった。

1999年の精神医療

私が入門した1999年の信州大学精神医学教室は、教授の専門分野が力動精神医学、ざっくり言えば精神分析が専門分野の教室だった。この頃はトラウマを取り上げた天童荒太の小説『永遠の仔』がベストセラーとなり、当時の私も『新世紀エヴァンゲリオン』にあてられてフロイトやユングについての新書を読み漁っていたから、その専門分野は嬉しく思えたし、きっと哲学や心理学に通じる勉強ができると思っていた。

が、しょせんは未経験者の思い込み。精神科研修医の仕事はそうした「人の心を探求していく」ようなイメージからはかけ離れていた。

ひとつ。当時の人気小説や『それいけ!!ココロジー』などのテレビ番組が伝える精神医学や心理学のイメージは、深層心理を心理テストやカウンセリングをとおして読み取るもので、その根拠として精神分析の理論がしばしば挙げられていた。

ちなみに精神分析とは、フロイトを出発点として20世紀に発展した、人の無意識や心について推論したり取り扱ったりする技法で、心理テストやカウンセリングはもちろん、哲学や思想にも影響を与えて一世を風靡(ふうび)していた。

ところが医療現場では、精神分析的に患者さんを診たり考えたりするのはトレンドから外れつつあった。そもそも精神分析が精神医学のメインストリームたり得たのは20世紀中頃のアメリカ精神医学ぐらいのもので、他の国・時代の大半では精神医学は第一に生物学や統計学に根ざすよう努められるもので、精神分析が決定的に強かったわけではなかった。

私の指導医を引き受けてくださった先輩がたも、精神分析的に考えるだけでなく、エビデンスに裏付けられた国際的な診断体系と治療ガイドラインを学ぶよう勧めていたし、認知行動療法のような、エビデンスに裏付けられたカウンセリングを学ぶことにも熱心だっ

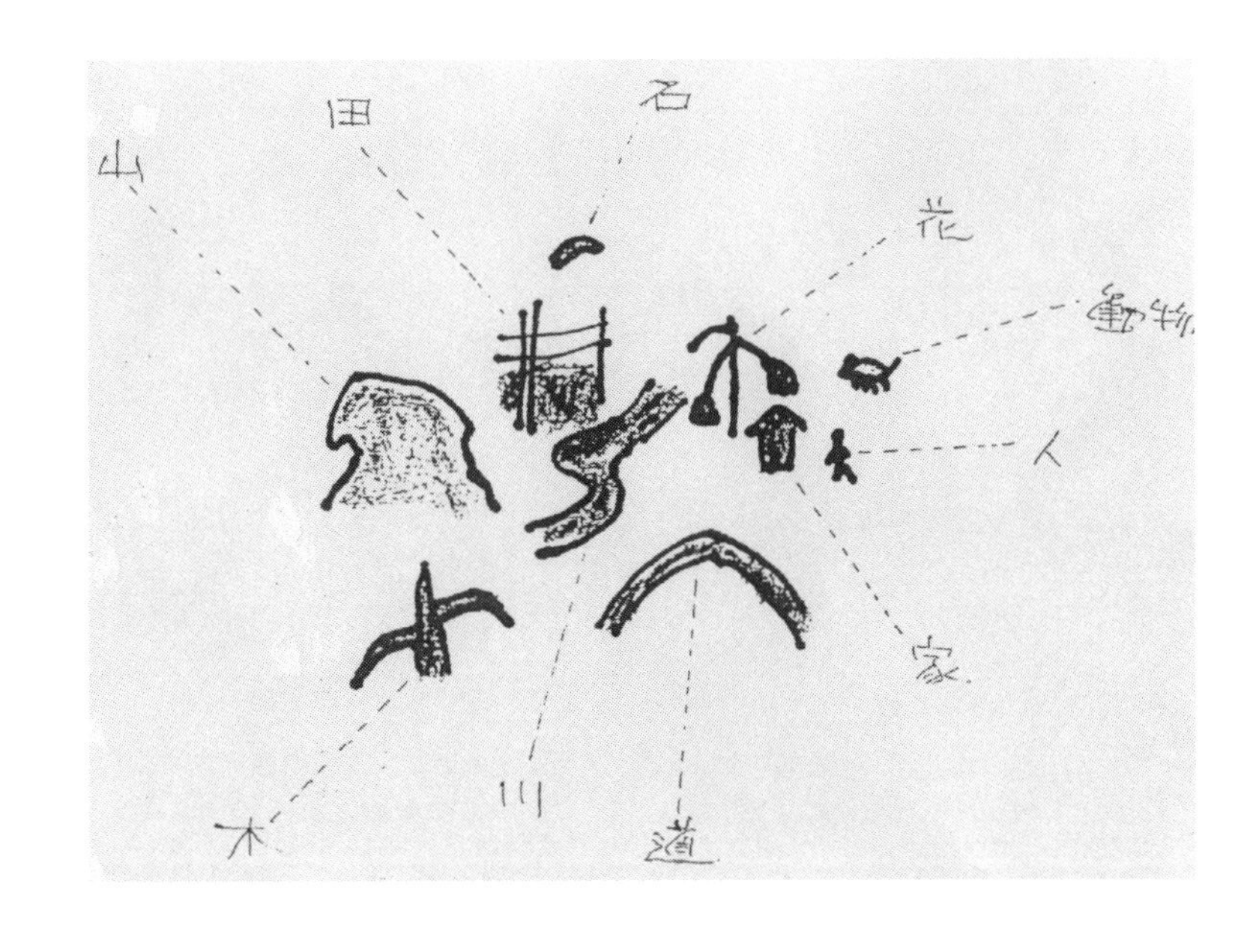

写真14
心理テストの一つとして宮崎勤被告が描いた風景画
1997年
写真提供：共同通信社

た。それから薬物療法。私が研修医になったのは日本の精神科薬物療法が変わる時期でもあった。というのも、１９９６年には幻覚や妄想の治療を大きく変えた非定型抗精神病薬という薬が日本でもリリースされ、同じくうつ病治療の画期となったＳＳＲＩ（Selective Serotonin Reuptake Inhibitor）という薬が１９９９年にリリースされたからだ。

ふたつ。これは大学病院の外で強く感じたことだったが、患者さんの困りごとや社会不適応は精神疾患の軽重だけでは測れなかった。よく、「精神疾患に対して偏見を持つな」といわれるが、実際、それぞれの診断病名の患者さんには、治療そのものの当否とは別としても病後の社会適応の良い人もいれば悪い人もいた。当たり前といえば当たり前だが、精神疾患にかかる人のなかにはお金持ちも貧乏人もいる。善人悪人だってそうだ。患者さんが皆、善人だと思い込みすぎるのもそれはそれで偏見である。

自傷他害（自分自身や他人を傷つけたり害したりする）のおそれがある精神症状があるとして警察などから通報を受け、最終的に措置入院となる患者さんにしても、精神症状が存在するのとはまた別に、善人であることも悪人であることもあり得る。ここでいう悪人とは、いわゆる反社会性パーソナリティ障害に該当する人ばかり指すのではない。色々な善もあれば色々な悪もある。精神医療に限らず、社会とはそういうものだ。

みっつ。精神医療は自分自身のフィジカルやメンタルが問われる世界でもあった。幻覚妄想状態、躁状態、不安状態、精神運動興奮状態といったテクニカルタームに該当する患者さんは、しばしば、精神機能が低下しているだけでなく非常に研ぎ澄まされた一面を持ち合わせている。こちらの気の迷い、ためらい、怯え、そういったものを患者さんはときに鋭く、容赦なく読み取る。たとえば、そういった時に患者さんから発せられる「おまえ！なんとかいってみろよ！　ぁあ？」といった問いかけにも対峙しなければならない。

患者さんだけではなく、ご家族も、ナースをはじめとする他職種も、指導医たちもそれらを読み取っている。もちろん、精神科医がためらってはいけない・怯えてはいけないわけではない。が、しかし、20代の新米医師がベテランの他職種と共に働くにあたって、または人生の先輩だったり鋭さの極致にあったりする患者さんと対等に向き合うにあたって、ゲーセンやインターネットで遊んでばかりだった私という人間はあまりにも脆弱で世間知らずだった——少なくとも当時の私はそのように私自身を分析した。

研修医はピーチツリーフィズ依存

そうしたわけで、私は精神科研修医としてふがいなさと不全感で胸がいっぱいだった。朝は死んだような顔で出勤し、指導医の励ましのおかげでどうにか境界性パーソナリティ障害の患者さんとのやりとりに臨み、毎晩のように500ミリリットル入りのピーチツリーフィズを飲み干した。なぜピーチツリーフィズだったかというと、これは1989年に発売されたメルシャンの定番カクテル飲料で、山瀬まみがCMをやっていた……いや、それはどうでもいいが、すこぶる美味しく、値段も張らず、ペットボトル入りで売られていて片付けも楽だったからだ。この時期の私の飲酒は後ろ向きで、逃避的で、不健康な飲み方をしていた。あの時代にピーチツリーフィズではなくストロング系アルコール飲料などが存在していたらアルコール依存症になっていたかもしれない。

とはいえ、あのピーチツリーフィズが悪だったとも私には思えない。オタクの天国のようだった学生時代とのギャップが大きい研修医時代をどうにか凌ぐ緩衝剤となったのが、あのペットボトル入りのピーチツリーフィズだったのも事実だった。

研修医になって良かったこともあった。学生時代と違って働けばお金が貰える。これは、素晴らしすぎることだった。当時の年収は400万円ちょっとだったが、これは、私には破格の報酬とうつった。ピーチツリーフィズを飲みたいだけ飲んでも、高価な医学書を購入しても、預金が増えていった。私はすっかりたまげてしまった。

職場でも嬉しいことはあった。当時の信州大学精神医学教室は午後5時以降、診療を終えた者からビールを飲んで構わないことになっていて、高台に建つビルの6階から見える松本市の夜景を眺めながら、ビールを飲みつつ繰り広げられる精神医学よもやま話に私は耳を傾けた。この、「午後5時以降は教室でアルコール解禁」という不文律（?）はその後もしばらくは受け継がれ、研究会や研修で教室に立ち寄るたび、赤ら顔の先生がたに出会ったものである。

また、指導医の先生がたや大学病院の先輩ナースたちは私を調子に乗せるのが上手かった。「お手柄だね」とか「是非、そのプランでいきましょう」と声をかけられ、私は手玉に取られていたのだが、得られるモチベーションには助けられた。厳しい日々ではあっても、知識と経験を吸い上げている手ごたえ、わからないなりに前に進んでいる手ごたえもあった。特に薬物療法は素晴らしい！　ルーキーの私が処方した抗うつ薬もベテランが処方した抗うつ薬も、薬効そのものは変わらないのである。それなら、ルーキーが最も早くベテランに近い能力を獲得できるのは薬物療法の領域では？　その薬物療法を最適効率で実施するために必要なのは、診断の的確さだった。薬物療法の治療ガイドラインは、だいたいアメリカ精神医学会の診断の手引き（ＤＳＭ）に準拠しているから、薬物療法をうまくやるには精神疾患の診断や鑑別もうまくやらなければならない。

ピーチツリーフィズを飲んでいる最中も、私は薬物療法と精神科診断学の書籍や論文を読み漁るようになった。「自分にできることが増える」ことが面白いと感じ始めていたからだ。

廃れていった診断たち

西暦２０００年前後のこの頃、精神分析の息吹が残る精神医学教室で精神医療を学ぶとは、今から思うと新旧ごった煮のような環境だったといえるかもしれない。そこでは廃れていく診断もあれば流行っていく診断もあり、古い考え方もあれば新しい考え方もあった。

廃れていく診断や古い考えとは、精神分析やドイツ精神病理学に根ざした考え方や見立てだった。業界用語でいう「従来診断」の考え方や見立て、というやつだ。この「従来診断」という言葉はＤＳＭやＩＣＤ（国際疾病分類）が日本に定着した後も長く使われ、日本精神医学の秘伝の「ウナギのたれ」のように継承されてきたが、耳にする機会が年々少なくなっていると私は感じる。

廃れていった診断をひとつ挙げてみよう。

たとえば精神病質（英語：Psychopathy／ドイツ語：Psychopathie）という言葉が業界には存在し、これは、さまざまな病的性格や病的人格の人をひっくるめて指す言葉であると同時に、統合失調症（当時はまだ精神分裂病と呼ばれていた）とまでは診断されないけれどもそれに近い傾向を持っている人を指す言葉でもあった。指し示す範囲が広すぎて曖昧に思えるかもしれないが、この言葉はドイツ精神医学の大家であるエルンスト・クレッチマーやクルト・シュナイダーにまで遡る由緒ある言葉で、20世紀の精神科医なら必ず知っているものだった。

ところが今、精神病質という言葉はほとんど使わない。一応、アメリカ式であるＤＳＭにもシゾイドパーソナリティ症・統合失調型パーソナリティ症といったかたちで類似カテゴリーが残っているけれども、そのように診断されている患者さんを見かける頻度も少なくなった。

精神病質と診断された患者さんのうち、特に統合失調症との鑑別が問われた一群は、今日では発達障害の一種であり、行動や感覚やコミュニケーションの独特さで知られる自閉スペクトラム症（Autism Spectrum Disorder、通称ＡＳＤ）と診断されていることが多いように思う。それどころか、当時統合失調症と診断された人の一部すら、今日ではその正体が自閉スペクトラム症だったとして診断と治療を受けていたりする。

同じく診断頻度が減ったものに境界性パーソナリティ障害（ボーダーラインパーソナリティー症）がある。これは、人間関係をかきまわす不安定さや衝動的行動、見捨てられることへの不安の強さからベテランの精神科医でも対処が難しいとみなされるもので、インターネット上では長らく「ボーダー」とか「ボダ」と呼ばれていた。

古くは境界例、境界線例とも呼ばれ、精神病との境目が曖昧でまさにボーダーラインという言葉どおりだったこの疾患は、途中からは南米出身の精神分析の大家カーンバーグによって提唱されたボーダーラインパーソナリティオーガナイゼーション（ＢＰＯ）という概念の影響下に置かれるようになり、今日よく知られている境界性パーソナリティ障害として疾患概念がまとめられていった。１９９０年代から２０００年代の前半まで、このように診断される患者さんはありふれているように思われた。

ところが今日、この境界性パーソナリティ障害はそこまで多くはない。当時そのように診断され、治療されていた人々の多くは、今日では、発達障害の一種で不注意さや落ち着きのなさで知られる注意欠如多動症（Attention Deficit Hyperactivity Disorder、通称ＡＤＨＤ）と診断されていたり、気分の変動が主な症状とされる双極症（Bipolar Disorder）と診断されていたりするように見受けられる。

かつては、カーンバーグが提唱した諸特徴を十分に兼ね備えていない患者さんが境界性パーソナリティ障害と診断されていることが稀ならずあった。リストカットや過量服薬や衝動的行動を繰り返すのは、境界性パーソナリティ障害だけではないし、それらだけが境界性パーソナリティ障害の症状でもない……はずなのだが、２０００年代までは対人関係が不安定で衝動的な来歴のある患者さんはやたらとそのように診断されていた。

なぜ、このように診断のトレンドが変わったのだろう？

まず、一般受けの悪い、しかし無視すべきとも思えない要素として薬物療法の変化を挙げてみたい。ミレニアム前後の精神医療ではベンゾジアゼピン系抗不安薬／睡眠薬があまりに安易かつ広範囲に処方されていて、これが境界性パーソナリティ障害もどきの病態、つまり過量服薬やリストカットを繰り返す情緒不安定でハイリスクな病態の患者さんを増やしていた可能性を私は強く疑う。現在ならＡＤＨＤや双極症と診断される人たちにも、当時は何種類ものベンゾジアゼピンが平然と処方されていた。

けれども時代を経るにつれて日本の精神科医はベンゾジアゼピン系薬物を少なく処方するようになり、睡眠薬も非‐ベンゾジアゼピン系薬物の割合が少しずつ増えていった。今日、衝動コントロールの良くない状態の患者さんには気分安定薬や非定型抗精神病薬が処方されることもあるし、ＡＤＨＤには専用の治療薬が登場し、次第に用いられるようにもなっている。

もちろんそれらも万能ではないが、そうした21世紀型の薬物療法のおかげで境界性パーソナリティ障害もどきの病態に陥らずに済んでいる患者さんは多い。要するに、日本の精神科薬物療法が変わったことで、つけられる病名も、患者さんを診る目も変わったという側面はたぶん存在する。

発達障害の台頭

だが、最も重要なのは、発達障害という概念が登場し、患者さんを診る目が変わったことだろう。

ＡＳＤは20世紀中頃に、ＡＤＨＤは20世紀前半に疾患概念の芽生えがあったが、現在の疾患概念の原型ができあがったのは１９８０年代以降、日本の精神科医が本格的に意識しはじめたのは１９９０年代に入ってからだった。とはいえ、私が研修医だった頃、これらの診断は「ＡＳＤらしさやＡＤＨＤらしさが非常に明確な人」にしか適用されておらず、最重症のＡＳＤやＡＤＨＤだけが慎重に診断されていた。

ところが２０００年代から２０１０年代前半のうちにＡＳＤやＡＤＨＤと診断する範囲は急激に広がった。つまりより多くの患者さんがＡＳＤやＡＤＨＤと診断されるようになり、統合失調症や精神病質や境界性パーソナリティ障害と診断されていた領域で取って代わっていったのである。はじめ私は、そうした変化に疑問を抱いていたが、講演などをとおして発達障害について知っていくなかで従来の考えを捨てた。すると、今までは見えていなかったＡＳＤやＡＤＨＤの患者さんがあぶり出しのように浮かび上がってきて、精神科外来、ひいては社会に発達障害の患者さんが数多く存在するさまが急に見えてきたのである。

発達障害の理解をとおして、それまでの診断と治療では見えていなかった患者さんの特徴、ひいては現代社会で何が期待され、何が差し障りになるのかが、急に可視化された気がした。それは決して私だけの体験ではなく、日本中、いや世界中の精神科医にも起こった出来事ではなかっただろうか。それに加えて、精神分析やドイツ精神病理学的な考え方から統計学に裏付けられた国際的な診断基準への移行も起こった。それらはまさに、精神医療のパラダイムシフトと呼べるような変化だった。

時代が浮かび上がらせた症状

しかし、パラダイムシフトが起こったのは精神医療だけではあるまい。1970年代に高コレステロール血症についての統計的エビデンスと、その治療薬が発見されたことが象徴するように、20世紀後半は医療界全体が統計的エビデンスに基づいたものに変わろうとしていた。そのうえ、社会は発達障害が診断されることを、いや、その他のさまざまな精神疾患までもが広く診断されることを待ち望んでいた。

どういうことか。私が精神科医としてトレーニングを受けていたのは、日本社会が低成長期を迎え、能率的に働けない社員を（たとえば窓際族のようなかたちで）定年まで養う社会をやめて、効率的に働く社員だけを選ぼうとする自己評価と自己責任の社会に変貌しようとしていた時期だった。雇用の流動性の高まった社会とは、どこでも働けるようなコミュニケーション能力を万人に期待する社会でもあり、ASDの患者さん、いや、少なくない精神疾患の患者さんにとって容易ならざる社会だった。いわゆる「ブラック企業」が問題視されるようになった２０１０年代以降は、そこにコンプライアンスの遵守という新しい課題が加わる。ＡＳＤやＡＤＨＤの発達特性は、そうした社会のパラダイムシフトにそぐわないもの、社会適応の差し障りとして浮かび上がるものではなかっただろうか。

と同時に、私たちのコミュニケーションも変わろうとしていた。

２００８年に出版された土井隆義『友だち地獄』では、当時の学生たちのコミュニケーションが「優しい関係」になり、お互いの空気を読みあうようになった、と表現されている。空気を読みあい「優しい関係」を円滑に進める際にも、ＡＳＤやＡＤＨＤの発達特性は不向きだっただろう。

この「優しい関係」と記される関係とは、「泥んこまみれになって喧嘩しお互いに分かり合う関係」ではない。私たちのコミュニケーションがわかりあうためのものから、わからずに済ませるためのものへ、お互いの心に深入りしないためのコミュニケーションに移行し始めているさまも『友だち地獄』は物語っている。コミュニケーションがそのように変貌した社会に似つかわしいのは、無意識にまで手を突っ込もうとする精神分析ではなく、社会適応の障害となる自動思考だけをリペアする認知行動療法ではなかっただろうか。少

写真15
「ブラック企業」の労働相談をうけるNPO法人POSSE
2010年、京都市内
写真提供：共同通信社

なくとも、そうしたコミュニケーションの変化と精神医療のパラダイムシフトは相関的だった。ひょっとしたら、相補的ですらあったかもしれない。

ときどき私は、精神分析が健在で、境界性パーソナリティ障害がありふれていると考えられていた2000年頃の症例検討会のことを思い出す。当時、私よりずっと年上の演者たちは、一人ひとりの患者さんについてロールシャッハテストや箱庭療法のスライドを次々に提示し、患者さんの心の世界を伝えようとしていた。それらのスライドが一巡した後、年配の臨床心理士が「豊かな想像が広がるプレゼンテーションですね」とコメントし、場の空気が一瞬、ふわっと和らいだのをよく覚えている。

それらはエビデンスに基づいた治療だったのか？

豊かな想像とは一体何だったのか？

エビデンスを重視し、心などという曖昧なものを扱わない2024年の精神科医が納得する答えは問うても返ってこない気がする。が、しかしそのような風景、そのような雰囲気が精神医療にたっぷりと含まれていた時代があったのである。

「このまま消えてしまいたい」

少し大げさな話をしてしまったかもしれない。

私自身が観てきた景色の話に戻ろう。

私が研修医だった頃の信州大学精神医学教室では、大学病院で2年間の研修を終えた者は大学と繋がりのある精神科病院で当面は勤務するように期待されていた。そうしたわけで、私は長野県南部にある単科精神科病院に勤めることになった。

勤務先が変われば精神医療も変わる。それは病院の経営体質や規模によっても変わるもので、たとえば大きな総合病院での精神科医の仕事はリエゾン精神医学といって、さまざまな身体の病気にかかっている患者さん、ひいてはその患者さんをみている医療スタッフへの精神医学的な援助が仕事の大きな割合を占める。

だがそれだけではない。地域によっても精神医療は案外変わってくる。大学病院で出会う患者さんと比較して、長野県南部の単科精神科病院にいらっしゃる患者さんには素朴さや実直さが伴い、異なる地域・異なるフィールドに来たことを強く意識させられた。出くわす精神疾患の種類も違っていて、大学病院では出会うことのあった（典型的かつ甚だしい）ＡＤＨＤやＡＳＤの症例は視界に入らず、摂食障害や境界性パーソナリティ障害も少なかった。かわりに、うつ病や統合失調症の古典的な症例、古い精神医学の教科書に載っていそうな症例にたくさん出会った。

今日ではほとんど経験できない症例に出会うチャンスもあった。憑依である。

憑依は文化症候群の一種で、都市部よりも田舎にみられるとされ、徳島県の犬神憑きなどが有名だ。長野県南部もたいがい田舎なので、憑依が存在してもおかしくはなかった。憑依にそっくりの症状は統合失調症にもままみられるし、そういう統合失調症の患者さんなら前にも後にも出会ったことがある。しかし、これまでまったく問題なく社会生活を営み、統合失調症を疑う症状も伴わず、憑依だけが数回起こった患者さんと出会ったのは、この長野県南部で働いていた時期だけだった。さまざまな心理テストも、この患者さんに異常な点を見出すには至らなかった。今、思い出しても、あの憑依の患者さんを現代風の精神医学の用語でどう表現すればいいのかわからない。

そののち、私は摂食障害や境界性パーソナリティ障害の患者さんが珍しくないような、いくらか都市部の病院に異動した。駆け出しとはいえ、一応、外来業務もこなせるようになった私は大学院に進むべきか考えたり、論文をまとめようとしたり、精神科医としての活動に積極的になった。が、それは結果として良くなかった。

私はここで心身を壊してしまう。要因はたくさん思いつく。精神科医としての仕事に慣れはじめたのをいいことに、身の程を弁(わきま)えず、欲張りすぎていたのもそのひとつだろう。精神科医になったにもかかわらず、学生時代と同じぐらい弾幕シューティングゲームをやろうと思ったのも良くなかった。当時は『怒首領蜂(どどんぱち)大往生』という非常に難易度の高い弾幕シューティングゲームがゲーセンに置かれていたが、研修医時代のブランクを挟んで相手取るには荷の重すぎる相手だった。平行して臨床研究をやっていたのも良くなかった。研修医に毛が生えた程度の人間が、すべてをこなそうと無理をした結果、私のメンタルヘルスは完全にシステムダウンしてしまった。

勤務先病院のご厚意により、仕事量を大幅に減らして勤務する体裁を取らせていただいたが、実際のところ、故障はすぐには治らなかった。一番悪かった２００４年頃は、不眠や体重減少や「このまま消えてしまいたい」気持ち、それから感覚の異様な過敏さが際立っていた。この過敏さはゲームをプレイするときにもついてまわり、たとえば弾幕シューティングゲームを数分プレイすればひどい頭痛に襲われ、アクションゲームをプレイしているときにプレイヤーキャラクターがダメージを食らったりすると、自分自身の全身にも感電のような痛みが走った。メンタルヘルスが悪くなると娯楽が娯楽として楽しめなくなるさまを、私は身をもって体験する羽目になった。

停滞の日々が続く。はじめは四環系抗うつ薬だけでカタを付けようと考えていたが、効果不十分のため私は私にSSRIを追加した。

SSRIを追加してから感覚過敏はマシになったが眠気がひどくなってしまい、しかも入眠時、青い火の玉のような幻視やパイプオルガンのような幻聴が出現するようになってしまった。職場ではそれほど多くの患者さんを診られず、そうでない時間はどこでも眠っていた。医局でも外来でも眠り続ける私を事情を知らない人間が見たら、きっと首を傾げたに違いない。自分の回復の度合いの目安として、たまにゲーセンで弾幕シューティングゲームをプレイしてみたが、具合の悪さによるのか、抗うつ薬の副作用のためか、プレイの精度はいっこうに回復しなかった。

停滞の次は放棄だ。研修医時代にお世話になった先輩からの助言もあり、私は大学院や博士号に関する努力をやめた。ついでに色々なこともあきらめ、高校時代や大学時代に大切にしていたものの半分ぐらいを処分してしまった。なにもかもがおっくうになると人間関係もおざなりになる。なるほど、精神疾患が悪くなると社会的に孤立してしまうのはこのためか。

結果、私の人間関係には2000年代前半に大きな断層ができてしまい、それ以前からの付き合いは半分も残っていない。何かに挑戦する意欲、先々を意識した戦略、未来への希望もなくなった。季節が巡って春や夏が来ても心身の冬は終わらなかった。ただ眠って、起きて、神経に差し障りの少なそうなゲームを申し訳程度にプレイする毎日。

ちょうど同じ頃、同窓生やインターネット上の知人たちも次々にメンタルヘルスの問題に直面していった。それは偶然だったか、当時の氷河期世代にはよくある出来事だったのか。そういうことを考える視野の広さや余裕は当時の私にはなかった。

わたしとわたしたちの再出発

それでも私は2005年頃にはSSRIや四環系抗うつ薬から離れていき、ある程度はゲームをプレイできるようにもなった。人間関係が切れ、大学院も諦め、色々なものが空白になったために私は身軽になっていた。先々を意識した戦略を喪失していたことが、転じて福をなしたのかもしれない。私は2ちゃんねるやオンラインゲーム『ラグナロクオンライン』にのめり込み、ブログ「シロクマの屑籠」をスタートしてブログを書きまくった。

再出発するなか、医学部を卒業してから衰退の一途を辿っていた、オタクとしての自分自身を取り戻した気がした。2000年代後半、私のブログは当時のインターネットの要石だった「カトゆー家断絶」や「かーずSP」といった大手ニュースサイトに何度も紹介していただき、「はてなダイアリー」のブロガーたち、特に非モテ論壇と呼ばれるブロガーやオタクブロガーたちからさまざまなコメントをいただいた。私はブログをひたすら書き、上京しては東京のブロガーたちと酒を飲んだ。そうした交流はブログが流行っていた時代の特権ではなく、たとえば今日のXの最も賑わしい界隈、インフルエンサー志望者たちがたゆたう界隈と違わないかもしれない。要するに現在の彼らと同様、私はまだ何者でもなく、何者かになりたそうな顔をしていた。

そうしてブロガーになっていくなかで、ロールモデルとして勝手にお慕いしていたのが、ひきこもり研究の第一人者であると同時に精神分析や思春期青年期の心理にも詳しい、斎藤環先生だった。当時は社会について物語る精神科医がまだ珍しくなかった時代で、斎藤先生も、精神科医として現役でありつつ、著書『戦闘美少女の精神分析』をはじめ、オタクについても造詣の深い文章を発信していた。私はそれに憧れると同時に、斎藤先生が漫画世代の精神科医にあたり、私がゲーム世代の精神科医であることのギャップを感じていた。そのギャップを踏まえて、斎藤先生とは違った物語をしてみたい――当時の私はそのように願った。

しかしブログでどんなにPV（ページビュー）数を稼いでも、それだけでは足りないことも明らかになった。２００６年の終わり頃から、私は書籍を書くための試行錯誤を始めた。精神分析系の書籍を読み、精神分析系の講演を聞いてまわり、それらを参考にオタクについてまとめた本一冊ぶんの原稿ができあがった。今から思えば恥ずかしくなるような原稿だったので、どこの出版社でもひたすら断られ続けたが、私は諦めが悪かった。ロールモデルとしての斎藤先生がモチベーションを引っ張ってくれて、ブログを読んでくださる読者が私のモチベーションを後押ししてくれたからだ。

精神分析からＤＳＭへ

精神科医としての私も変わろうとしていた。２００７年頃に出会った年上の精神科医がたまたまＤＳＭに非常に詳しい先生で、現代精神医学を再履修するよう、私に迫ったからだ。「精神分析的な診断と治療は時代遅れだ、もっと徹底的にＤＳＭを、エビデンスに基づいた精神医学を学びなさい」と師はおっしゃった。

私服を着ているときは精神分析的なテキストを読み書きし、白衣を着ているときはエビデンスに基づいた精神医学に基づいて考えたり学んだりする二重生活が始まった。はじめ、それはＤＳＭのあらさがしをしてやろうといった反骨精神から始まったのだけれど、それを再履修してみて考えが変わった。「従来診断」を重視し精神分析やドイツ精神病理学を重視していたＤＳＭ批判者たちのいう〝空疎な診断パンフレットとしてのＤＳＭ〟が、本当は骨太でエビデンスに基づいた治療を実践するうえで重要であること、エビデンスに基づいているから精神分析などでは反駁のしようがないこと、等々が私にもわかるようになってきたのだった。

エビデンスに基づいた精神医療だからといって、血が通っていないと思うのも大きな過ちだ。理解を深めるほどＤＳＭなりの内実が見え、歴史がわかり、その蓄積と先人たちの努力に唸らされた。それをよく知らなかったことを、私は恥じた。

そのうえＤＳＭは自分自身の神経を守るためのプロトコルとしても有用だった。それ以前の私は、いわば裸一貫で患者さんとコミュニケーションするような無謀さ、躁病の患者さんの猛烈なエネルギーにこちらも同等のエネルギーをぶつけて伍するような力任せなところがあった。そういう自分自身の消耗を度外視した診療スタイルを改め、自分自身が再びシステムダウンしてしまわない診療スタイルを身に付けるうえでもＤＳＭは助けになった。

新約聖書の「皇帝のものは皇帝に、神のものは神に」というイエスの台詞になぞらえ、私は「ＤＳＭのものはＤＳＭに、精神分析のものは精神分析に」と考えるようになった。ＤＳＭをはじめとする現代精神医学にはエビデンスと再現性があり、それは精神科医として当然に活かすべきだろう。

他方で、精神分析にはエビデンスや再現性に馴染まない、患者さんの個別性や治療者自身の属人性を顧みるように促す力、ひいてはナラティブを招き寄せる力がある。私はどちらも捨てがたく感じたし、師はその学び方で良いとおっしゃった。後々知ったが、その師は、精神分析を重視する立場からキャリアをスタートし、中途でＤＳＭをはじめとする現代精神医学のインパクトに感化され、歳を取ってからそれを学びはじめ、研究をものにした人だった。

現在でも私は、白衣を着ているときはＤＳＭに基づいてできるだけ標準的な精神医療を行いたいと願っているし、エビデンスは大切だと考えている。と同時に、人間同士の間で起こる出来事については精神分析的に考えたいとも願っている。これは矛盾した態度だろうか？　いや、私のなかではそれらは棲み分けているし、社会を眺め、書籍やブログを書くときにはそれらが不思議と結びつく。

このような今に至る私のスタンスを作りあげてくれたのがブログであり、ＤＳＭに詳しい恩師であり、インターネットで出会ったさまざまな立場や職業の人々だった。

私自身もＡＤＨＤに当てはまるのではないか

ブログをとおして医療の外側にどんどん繋がっていった再生期に、他人事とは思えないと感じていたのが発達障害だ。私の場合、発達障害の特性については診察室の外側でも気になって仕方がなかった。

まず、ブログ経由で新しく知り合った人々の相当な割合が２０００年代から２０１０年代にかけて「自分は発達障害と診断された」と述べていた。インターネットのアーリーアダプターからアーリーマジョリティというべき人々、オタクとして酒杯を共にした仲間たちが発達障害にどんどん該当していくことは、診察室の内側とは異なるインパクトを持っていた。

20世紀末から21世紀にかけて、ＡＳＤやＡＤＨＤがより多く診断されるようになった顛末は、さきほど書いたとおりである。隅から隅まで診断基準をみたすような典型例だけが発達障害と診断されるのでなく、より多くの患者さんが発達障害と診断されていく状況に精神科医としての私は慣れようとしていた。しかし白衣を着ていないとき、オフ会の宴席で発達障害と診断されている人に出会う体験にはなかなか慣れることはできなかった。というのも、オフ会の席で出会う発達障害と診断されている人々は、確かにその時点では発達障害と診断されてもおかしくないとしても、オフ会ではごくありふれた存在であり、ちょっと前までは診断や治療の対象とはみなされていなかった存在だからだ。

断っておくと、オフ会に参加している人がなんらかの精神疾患に当てはまることに私が慣れていなかったわけではない。１９９０年代からこのかた、オフ会参加者から抗うつ薬の話題が出ることは稀ではなかったし、統合失調症と診断されていることを打ち明ける人や、オフ会の最中もずっとその場にいない誰かと会話している人とも知り合っていた。

しかし、ＡＳＤやＡＤＨＤと診断されているオフ会参加者たちの振る舞いは、私には精神疾患に該当しているという以上に、オタクにはよくある言動、ウェブサイト管理者やブロガーにはよくある言動のように見えて仕方なかった。得意な話題になるとマシンガントークをするけれどもそうでないときは黙っている人、いつもオフ会の集合時間に間に合わず途中参加してくる人、敏感さと鈍感さが同居している人、コミュニケーションに苦手意識を持っているけれども特定分野にはおそろしく詳しい人、等々の特徴を持った人たちは１９９０年から２０００年代のオフ会にはありふれていて、しかし発達障害とは診断されていなかった。１９９０年代に出会った年上のオフ会参加者のなかには、そうした特徴を持ちつつ妻子もいて、社会人として問題なく暮らしている人もいた。そうした、以前は精神疾患として診断されることがなかったはずのオタクやネット愛好家の特徴をそのまま持った人たちが、２０００年代の後半以降は「私もＡＳＤやＡＤＨＤと診断された」と述べているのである。

もし彼らがＡＳＤやＡＤＨＤと診断され得るとしたら、私のオタク仲間やオフ会仲間のかなりの割合が、たとえ未診断でも本当は発達障害に当てはまるのではないか。いや、不登校を経験しインターネットの世界に吸い寄せられていった私自身もＡＤＨＤに当てはまるのではないか？

自分の立っている土台が揺らぐような感覚を覚えた。つい数年前までは精神疾患とみなされることのなかったはずの、私にとって馴染み深い人々が、気が付けば発達障害として診断され、治療や福祉的援助の対象になったのである。

変わったのはオタクたちか？

そうではない。変わったのは精神医学と精神医療だ。発達障害が、完全に診断基準をみたす典型例だけに診断されるのでなく、より広く、より多く診断されるようになったとき、私自身と私の知己たちがすっぽりと発達障害という概念に覆われるようになったのである。

それは社会の優しさか、恐ろしさか

診断を受けた一人ひとりが治療や福祉的援助を受け、それで社会適応が助けられること自体は良いことである。だとしても、なぜ、私たちが唐突に治療や福祉的援助を受ける対象とみなされはじめたのか、簡単には承服できない部分もあった。

当時のオタクやオフ会参加者には、社会の主流派とは言えない者、日陰者、変わり者がいたのはそのとおりだし、たぶん私もそのひとりだったろう。第3章で述べたように、そのようなオタクたちは世間の多数派から異端とみなされていたが、治療や福祉的援助を受けるべきとはみなされなかった。それが2000年代後半から2010年代前半に変わった。これも第3章で述べたことだが、2000年代後半にはオタクがカジュアル化し、ユー

写真16
WHO総会の会合で「ゲーム障害」新依存症に
2019年、ジュネーブ
写真提供：共同通信社

スカルチャーのメインストリームに次第に躍り出ていったわけだが、ちょうどその頃、昔ながらのオタク然とした人々のうちにＡＳＤやＡＤＨＤと診断される人が増え始めていたのである。

のちのち私は、信州大学医学部附属病院・子どものこころ診療部の本田秀夫教授の提唱する「ＡＳＷＤ（Autism Spectrum Without Disorder）」という概念に出会い、生物学的には発達障害の特性に当てはまっても社会に適応できている人が決して珍しくないこと、そのように医療や福祉とは縁のないまま生きていける人がいて構わないことを知った。

しかしこの時点ではそれも知らなかったから、知己が次々に発達障害と診断されていくこと、オフ会参加者に占める発達障害と診断された人のパーセンテージがどんどん増えていくことに、底知れない恐ろしさを感じていた。

そうした怖さを感じていた最中、日本精神神経学会のとある発達障害についての教育講演のなかで、診断がもっともっと広がっていくこと、もっともっと多くの治療や福祉的援助が広がっていくことを期待する質疑応答を耳にした。会場にいた精神科医たちは、その質疑応答を万雷の拍手で包み込んだ。そのことを恐ろしいと感じているのは、会場で私一人だけのように思えた。

私は何を怖がっていたのだろう？
発達障害が今後もっともっと診断され、もっともっと広範囲の人が治療や援助の対象とみなされていくことだろうか。自分の知己たちが、ひいては自分自身が発達障害と診断され、医療の枠組みに回収されることだろうか。

更に、そうした診断と治療をとおして自分たちが、なんらか社会という鋳型に嵌め込まれることだろうか。それとも社会のなかで特異な存在として浮かび上がっていくことだろうか。

自問するに、それら全部だったのだろう。

私が白衣を着ているときに発達障害と診断する人のなかには、オタクの集まりやオフ会で出会ってきた人々に瓜二つの性質を持った人、むしろ彼らと比較して発達特性が軽微にみえる人々さえ含まれていた。そして発達障害者支援法をはじめとする建前は発達障害と診断される人々への差別を禁じているにもかかわらず、診断された人々のその後の生活は診断される前と同じであることは少なく、診断を受ける前とは異なった場所——その多くがより社会の周縁部だったのは言うまでもない――に移動することが多かった。2010年代には発達障害として診断されるや否や、勤め先の復帰支援の態度が豹変し、復帰がかなわなくなる患者さんを見かけたものである。

2020年代になるとそれがまた違ってくる。そもそも発達障害の診断を受けながら新卒者として正規雇用に辿りついている人が減り、もっと早い段階で診断や治療や支援が始まっていた人、不登校や中退を経験しすでに小児科などで福祉的な支援体制を整えたうえで紹介受診してくる人の割合が増えた。それは治療や支援が行き届いた結果の好ましい変化だったのか、それとも発達特性のある人が治療や支援を受ける代償として、活動の場を制限されていく変化だったのか。

後者は本来、許されることではない。今日でもASWDのように、あるいはさまざまな業界の第一線で活躍するADHDの人たちのように、うまくやっている人もいる。しかし全体として見たとき、発達障害の診断と治療と支援が行き届いたはずのこの社会で、その特性を持った人たちが20世紀以前と同じぐらい社会のあちこちで活躍しているといえるのか、私にはわからない。医療者の思いや診断と治療を受ける人々の願いをよそに、この社会は、発達特性を持っているとみなされている人たちが障害とみなされやすい方向へ、ひいてはそのような人々が活躍できる場を制限する方向へ変わり続けているのではないだろうか。

精神医療と時代

この疑問は白衣を着ているときには消え失せる。現代の精神科医はエビデンスに基づいた標準的な診断と治療ができなければならないし、そのためにもＤＳＭのような診断基準に親しんでおかなければならない。診療活動に従事しているときの私は、患者さんの診断や治療や支援以外のことを考えないし、考えるべきとも思わない。

しかし、白衣を脱いでいるときはこの限りではない。令和の日本社会と、私が研修医だった頃の日本社会、ひいては私が生まれた頃の日本社会はすべて違う。精神科医の市橋秀夫の論説のなかで「産業構造の変化」が発達特性を持った人に与えた影響について述べたものがある。

脱工業化を果たして久しく、人的流動性が高くコミュニケーション能力やコンプライアンスが絶えず問われる社会では、発達障害の人は社会適応しづらい。それを裏付けるように、発達障害の有病率は先進国において途上国のそれを上回る。たとえＡＳＤやＡＤＨＤが生物学的な基盤に裏付けられた特性だとしても、その生物学的な特性が社会適応の死活問題になったのは、やはり社会が変わり、そうした特性が問題視されやすくなったからではないだろうか。

こうした視線で精神疾患全般の増加について考えていると、たとえば社交不安症や双極症Ⅱ型なども社会が変わってきたから漏らさず診断されなければならなくなったのでは？と思いたくなる。

社会学者はしばしば、「精神疾患のインフレは医師の功名心や製薬会社のマーケティングのしわざだ」と指摘するが、仮にそうだとしても、それらの企てが成功するのは社会の側に需要があってはじめてのことだ。どんな特性や症候が精神疾患とみなされ、何がそうみなされないのかは、控えめに考えても社会に左右されることである。

たとえば同性愛はかつて精神疾患とみなされていたが、社会的認知が進むなかで精神疾患とはみなされなくなった。反対に、コミュニケーションの問題や落ち着きのなさや不注意は、昔よりもずっと精神疾患とみなされるようになっている。そしてゲーム症やインターネット依存のように、ハイテク社会が到来してはじめて登場した精神疾患もある。

　精神疾患のひとつひとつに生物学的基盤があるのは事実としても、それが社会のなかで析出する背景、診断と治療の対象となる背景はきわめて社会的だ。然して精神科医はその社会的な側面には目をつむり、生物学的基盤を強調する。なぜだ？


　私なりにその答えを想像することもできる。

　ひとつには社会的側面に目を向けても目の前の患者さんの援助には役に立たないからだ。たとえば発達障害の診断や治療に携わっているときに社会を批判したところで、患者さんの社会適応に役立つわけではない。医療が臨床的なものである限り、つまり目の前の患者さんファーストの営みである限り、社会をまなざし、それを云々する意味と動機はなかなか生まれにくい。


　それともうひとつ、精神医学が他の医学や科学と同格であることを証明するために、自然科学らしい側面を強調しなければならないという事情。

　エビデンスも不確かで診断基準も統一されていない状態から他の医学や科学に追い付こうとした精神医学は、自分たちの学問が客観的で再現性を意識したものであるよう迫られていた。いや、今もそのための努力が積み重ねられている。そうしたなか、社会という揺れ動くゴールポストを意識しながら精神医学を語ることは、その客観性や再現性を動揺させるように受け取られるかもしれない。いや、事情のわかっている精神科医はそう考えないだろうけれども、他の医学、他の科学、ひいては世間の人々から見てあやふやなものとうつる懸念はあるだろう。

過去には、社会という揺れ動くゴールポストを意識した攻撃に精神医学や精神医療が曝される時期もあった。イギリスの精神科医R・D・レインやD・クーパーらを出発点に1960年代から1970年代に燃えあがった、反精神医学運動がそれである。この運動は、それまでの精神科病院の劣悪な環境を批判し、欧米を中心に精神科病院の閉院と長期入院患者の退院を促した。

しかし、私が学んだ限りでは、反精神医学は批判をするだけで、対案を提示できなかったようにみえる。つまり反精神医学が既存の精神医学を批判したからといって、統合失調症やうつ病が治るようになったわけでも、オルタナティブな治療法を見出したわけでもなかったのである。

そのうえ反精神医学は精神疾患を社会によって生み出されたものとみる以上に、社会によって生み出されたもの「でしかない」とみなしていた。たとえば発達障害やゲーム症などには、社会が変わったから診断や治療の対象となってきた側面がある。だから「精神疾患は社会が生み出した」という話はある程度までは当たっている。しかしそれらの背景に生物学的基盤があることを反精神医学は無視しすぎていた。なかでも当時批判の対象となっていた統合失調症などは生物学的な基盤がもっと大きく、未治療の患者さんはしばしば、認知機能の低下などを含めた不可逆な精神機能の喪失に至る。そして欧米では、精神科病院を出た人々の少なくない割合が、刑務所や路上に放り出されるに至ったのである。

精神科医になって四半世紀が経ち、私はますます「社会と精神医療の関わり」というテーマに魅了されている。だから私は物書き兼精神科医として、発達障害の社会のなかでの位置づけや、ＩｏＴ化が進んでいく未来でどんな精神機能がこれから問われて精神疾患として浮かび上がりそうなのかを考え、発信したいと願っている。

しかし反精神医学のような、社会的側面だけに囚われる愚は犯すまい。精神医学や精神医療には、解明されるべき生物学的課題がたくさん残っているし、それらに対しては他の医学や科学と共通する研究手法が使えるはずである。

過去の精神医学は現在以上にわからないことだらけだったが、それでも先人たちは諦めず、そのおかげで現在の精神医学ができあがった。今もたくさんの人々が研究を続けているし、多くの同業者や医療福祉関係者が目の前の患者さんの治療や支援に汗をかいている。私は、そうした営為を全否定するような言説には与(くみ)したくない。

2023年の12月に、コロナ禍以来久しぶりに同業の先生がたと同窓会のような集まりがあった。かつては集まりのなかで最年少だったはずの私も、気が付けば中堅と呼ばれる年齢になり、くだんの南信地方の病院の院長をはじめ、多くの先輩たちが他界していた。同業者の先生がたは第一に目の前の患者さんの治療や支援について考え、と同時に研究や教育について考えている。大学病院をはじめとする、大きな病院組織や教育機構で活躍している先生方はとりわけそうだろう。

私には、そういう医療の本道を歩み、正統な研究を続けている先生方が眩しくみえる。一応私も精神科の専門医ではあるけれども、この本に象徴されるとおり、白衣を着ていないときの私はもっと違ったところに関心を持っている。しかし、在野にあって精神医療の外側にもすっかり魅了されている者として、そのような精神科医として私にできることを探していきたいと願う。というか、そういう風に生きてしまったのだから、そのように願いながらこれからを生きるしかないのだ。本章は、社会も精神医療も変わり続けていくさまを記憶し、書き残す精神科医としての私ができあがってきた物語ということになる。

第5章

インターネットにみた夢と現実 2010年～

1975	マイクロソフト社誕生
1976	アップルコンピュータ社誕生
1984	MS-DOS3.0シリーズ発売｜アップル社がマッキントッシュを発表
1985	PC-9801VM発売｜日本電信電話株式会社発足
1986	PC-VANサービス開始｜東京大阪間で光ファイバーサービス開始
1987	ニフティサーブ開始｜携帯電話サービス開始
1991	船舶用モールス信号廃止決定｜MS-DOS5.0シリーズ発売
1993	『ポケベルが鳴らなくて』放送開始
1995	テレホーダイ開始｜一部の地域でPHSサービス開始｜ウィンドウズ95発売
1996	ヤフー株式会社設立｜ポケベル個人契約数最盛期
1999	iモード開始｜2ちゃんねる開設｜道路交通法改正、運転中の携帯電話使用禁止に
2000	ウィンドウズ2000発売｜グーグル・アマゾンで日本語対応開始｜ウィンドウズ Me発売
2001	iPod発売｜WinMX発売｜テキストサイト「侍魂」開設
2002	ウィニー開始
2003	ワードプレス開始｜PC・VAN終了｜地上デジタル放送開始
2004	フェイスブック開始｜ツタヤが会員証の全国共通化開始 ウィニー開発の金子勇逮捕
2005	はてなブックマーク開設｜ユーチューブ設立
2006	梅田望夫『ウェブ進化論』刊行｜ツイッター開始｜ニフティサーブ終了
2007	ニコニコ動画ベータ版開始｜iPhone発売｜ケータイ小説の『恋空』が映画化
2009	津田大介『Twitter社会論』刊行
2010	iPad発売｜インターネット広告費が新聞広告費が超えた｜インスタグラム開始
2011	東日本大震災で、SNSが社会現象となる｜スティーブ・ジョブス死去
2012	パナソニックが家庭用VHSレコーダー生産中止を発表
2013	インターネット選挙運動解禁｜メルカリ開始｜厚生省が中高生のネット依存8%と公表
2014	「ヒカキンTV」が登録者数100万人突破｜ダイヤルQ2終了
2015	AppleWatch発売｜日本でネットフリックス開始
2016	日本でスポティファイ開始｜小説投稿サイト「カクヨム」開設
2019	iモードの新規受付を終了｜日本政府、巨大IT企業への規制強化
2020	コロナ禍でズームなどを用いたリモートワークが広がる

この章は、１９９０年代に始まり加速度的に普及したインターネットに割り当てられている。章のタイトルに「２０１０年〜」と記したのは、インターネットのマスボリューム、ひいては雰囲気がその頃に大きく変わり、変わった後こそが、これからのインターネットの本当の姿だと思われるからだ。それ以前の時代のネットユーザーたちがインターネットに託していた夢に転換点が訪れ、アングラでイリーガルなインターネットがフォーマルでリーガルなインターネットに変貌したターニングポイントも２０１０年……というより２０１０年の前後に集中していたように思う。

その、インターネットの変わりようを振り返るとき、またも私は「未来を見通すとは、なんと難しいことだろう」と思わずにいられなくなる。２０１０年以前に私とその仲間たちがインターネットに感じていた希望は、当時のインターネットの仕組みのおかげで希望たりえたのか、それともアーリーアダプターしかいなかったから希望たりえたのか？

かつて光り輝いていたネットサービスもそうだ。２ちゃんねる、個人ニュースサイト、ニコニコ動画、はてなブログといった数多のサービスに人が集まり、やがて他のサービスに人が移っていった。そこに集まっていた人々は散り散りになり、今では消息もわからぬ人も少なくない。

今日、インターネットは上下水道のようにあって当たり前の情報インフラとみなされ、そこに夢や希望を見出す人はあまりいない。だが、かつてのインターネットは多くのユーザーにとって希望の土地、フロンティアだった。フロンティアがフロンティアたりえたのはなぜか？　フロンティアが開拓されて結局何が変わったのか？　そうしたことについても、私自身が体験した風景を交えながら説明を試みたい。

デジタルネイティブではないけれど

デジタルネイティブ、という言葉がある。生まれた頃からインターネットが存在していた世代を指し、日本では１９９０年代以降に生まれた人々がそれにあたるとされる。だが内実はどうだろう？　統計が語る日本のインターネット普及率は、意外に早くから高い。総務省が出している『情報通信白書（令和

4年版)』で振り返ると、1997年の段階で6歳以上の個人のうち9・2パーセントがインターネットにアクセスできていたことになっている。しかし私の知る1997年のインターネットは、アクティブなネットユーザーがそれよりずっと少ない世界だった。

その情報通信白書によれば、インターネット普及率が50パーセントを超えたのは2002年だが、その2002年の段階でも、2020年代の私たちのような、朝に夕にインターネットにアクセスし、ごく当たり前に利用している人は少数派だった。

日本ではそれらに先行してポケベルの流行、携帯電話のメール、写メールの流行があり、NTTドコモが時代の最先端を行っていた時代があったから、デジタル化は着実に進んでいたといえる。けれどもインターネットが本当の意味で普及し、イノベーターやアーリーアダプターのものからレイトマジョリティのものへ、さらにラガード(最も保守的な層)にまで普及した時期はそれよりずっと後、それこそ東日本大震災をとおしてSNSの重要性が認知され、朝のワイドショー番組にひっきりなしにURLが流れるようになった2010年代以降のことではなかったかと思う。

この第5章は、私がインターネットを始めた頃から、世間がインターネットを始め終えた頃までを本書のテーマに沿ってまとめていく。

だが、ここでも立ち止まる時間を少しいただきたい。かつてのインターネットとそのオンライン空間とは何だったのか？　1990年代に初めてインターネットに接続してみた大半の人にとって、インターネットとは「よくわからないけれども世界と繋がっているもの」で、大企業のホームページ（この頃、日本人はウェブサイトのことをホームページと呼んだ）を探してみたり、知人の誰それが作ったホームページをお義理で訪問したりする、魅力のわかりにくい場所ではなかっただろうか。少なくとも、地方在住の私が目撃したネットユーザーの大半はインターネットに目新しさ以上の魅力を感じていなかった。インターネット環境を比較的早く整えたオタクですら、情報収集は雑誌や口コミにまだ頼っていて、ネット通販を利用せざるを得ないときに渋々インターネットにアクセスする、そのようなものだったと記憶している。

しかし、そんな体験はインターネットを始めているうちに入るまい、と私は思う。現在のインターネットに近い体験とは、常時接続のインターネット、当時風に言えば「モデムに繋がりっぱなしのインターネット」ではなかっただろうか。

ＮＴＴは１９９５年にテレホーダイというサービスを提供しはじめ、午後11時からという条件付きだがインターネットやパソコン通信への常時接続が現実的になった。私はこの常時接続のインターネットに加入するや「インターネットの住人」になり、たちまちその虜になった。用事がある時だけインターネットに接続するのでなく、用事がなくても午後11時にはとりあえずログインしておく。大企業や知人のウェブサイトを訪れるだけでなく、見知らぬ人とも知り合い、新しい居場所や社交場を探し、未来の友達や人生の先輩や配偶者にすら出会う――そのような体験こそ、今日で当たり前とみなされるインターネットに連なるものではないか、といいたいわけだ。

『情報通信白書（令和元年版）』によれば、２００５年の段階でもなお、平日１日あたりのインターネット利用時間は20代においてようやく1時間を上回った程度だった。日本で大半の人がインターネットにアクセス可能になった時期と、日本で大半の人がインターネットに繋がりっぱなしになった時期にはタイムラグがある。私が一番インターネットに明け暮れていたのはこのタイムラグの時期で、その間、インターネットに繋がりっぱなしの人は、オタクが増え続けてカジュアル化していった（第3章参照）のと同じように増え続けた。

だからもし、日本の人の多くがインターネットに繋がりっぱなしの環境ができあがり、インターネットが真正の情報インフラとして浸透した後に生まれた世代を本物のデジタルネイティブ世代とみるなら、それは２０００年代から２０１０年代に生まれ、幼児期からユーチューブを眺め、『マインクラフト』をプレイし、『ポケモンＧＯ』を遊びながら育った世代とみるべきだろう。この世代は、人間がインターネットに繋がりっぱなしの世代、そして人間がスマホやタブレットのような機器に時々触れるのでなく常時触れるという意味でサイボーグ・サイバネティクス化した初めての世代だと言える。生まれながらにＩｏＴ化した社会に包囲され、そうでない社会を知らない世代とも言えるだろう。

私がインターネット接続できるハードウェアを整えた時期は１９９６年とやや遅く、常時接続のネットライフを始めたのは１９９７年とやや早い時期だった。そしてインターネットで起こった変化は、ここまで触れてきたテーマとも重なり合う。他章で触れた話題を思い出しながら読んでいただけたらと思う。

「ファンサイトを見に行こうぜ」

〝インターネットの黎明期〟とは色々な世代の人が口にするフレーズだ。

1990年代後半にインターネットを始めた私と同世代のネットユーザーは、しばしば自分たちがその黎明期に属していたと思い込む。だがもっと年上のネットユーザーはそうではない、と答えるに違いない。WWW（ワールドワイドウェブ）の仕組みができあがったのが1990年で、ウィンドウズ95普及以前にも接続環境を手作業で構築していたユーザーがいたというから、本当に黎明期を知る人とは、そうした時代を知っている人々のことだろう。厳密にはインターネットではないが、パソコン通信まで含めれば1980年代からネットユーザーは存在したことになる。

私がインターネットに触れたのはそれより後の1996年だった。

私のゲーセン仲間には信州大学の理工系学部の学生もいて、ある日、『新世紀エヴァンゲリオン』について話が盛り上がったので「インターネットのファンサイトを見に行こうぜ」という話になった。夜11時、人目をはばかるように訪問したのは、インターネットに接続可能なＰＣがずらりと並ぶ大学の一室だった。ＯＳはウィンドウズ95、ウェブブラウザはネットスケープナビゲータ３だったと記憶している。

たった１枚の画像を表示するにもモタつきはするが、インターネットの向こうには別世界が広がっていた。松本市の私の周囲の誰よりもアニメに詳しい人のメンションや、現代視覚文化に身命を捧げるような生活をしている首都圏のオタクの日記がいくらでも見つかった。大学にインターネット端末が設置されていたことが示すように、もともとインターネットは研究者同士がコミュニケーションするものだったというが、私たちがインターネットに接続する動機は現代視覚文化に関連するもの、つまりオタクに関連するもので、その夜私はその片鱗に触れたのである。

少し遅れて、パソコン通信であるニフティサーブも友人に見せてもらった。ニフティサーブは日本のパソコン通信としては最大手のひとつで、１９８７年にサービスが開始されている。１９９６年の段階ではウィンドウズ95よりもMS-DOSのほうがニフティサーブにアクセスしやすく、その友人はAirCraftというニフティサーブ用のアプリケーションに

写真17
居酒屋のインターネット、インターネットが街角に
1995年、大阪市都島区
写真提供：共同通信社

ＶＺエディタやΨ（プサイ）メニューといったMS-DOS用のユーティリティを組み合わせた環境を構築していた。ニフティサーブはインターネットに比べて投稿フォーマットの制約が大きいが、個別のフォーラム（会議室）ごとに話題が区分けされ、自分が知りたい話題について過去ログを調べやすいのは長所のように思えた。

そうした経験がスタート地点となって、私は１９９７年にインターネットとパソコン通信を同時に始めた。素晴らしい体験だった。

なにしろ、石川県の地元はもちろん、松本市での大学生活でも絶対に出会えないようなアニメオタクやゲームオタクが何百人もいて、そうした人々と毎夜11時を過ぎるとそれらの話題で盛り上がり、はしゃぎ続けることができるのだ。パソコン通信やインターネットを使ったチャットにもたちまち慣れ、そのおかげでブラインドタッチがめきめき上達した。当時のチャットの使い勝手は、今日でいえばラインやテレグラムでリアルタイムにやりとりする感覚に近い。

この頃、遠い誰かとリアルタイムにコミュニケーションするといえば第一に電話だった。１９９０年代には、宮沢りえや山口智子らが出演する日本テレコムの遠距離通話のＣＭが流れていたものである。とはいえ、長距離通話は毎日するものではないし、したとしても話し相手は一対一に限られる。１９９７年は既にポケベルブームが過ぎ、携帯電話のメールも普及しはじめていたが、それらも基本的にはオフラインで既に知り合っている者同士が（原則としては一対一で）やりとりするためのツールだった。

ところがインターネットやパソコン通信はそうではない。文章が中心のコミュニケーションとはいえ、複数名が寄り集まって好きな話題で毎晩盛り上がり、さながら電子の海の巨大なパジャマパーティだった。のみならず、インターネットでアクセスできるもの・閲覧できるものは加速度的に増えていった。個人のウェブサイトにもうけられたリンク集のハイパーリンクを辿って、私はたくさんの新しいホームページ、たくさんの新しい人、たくさんの文物に出会った。そして当然のようにあちこちのオフ会に出かけていった。

20代前半だったこの頃の私は、パソコン通信やインターネットのオフ会ではやや若い部類に属し、年上の人々はしばしば家庭を持っていた。当然ながら、誰もが自分でＰＣやインターネットの環境を構築でき、私の交友関係にある人々は全員が漫画やアニメやゲームといった現代視覚文化に一家言を持っていた。第３章で触れたように、そうした人々のなかにはコミュニケーションの上手くない人も混じっていたし、第4章で触れたように、後に発達障害などの精神疾患に該当するとみなされた人もいる。私と同じように不登校を経験したことのある人、学校や職場が苦手な人も混じっていた。

しかし当時のインターネットではそうした人々でもいっぱしの人士とみなされ、世間ではいまだ否定的に捉えられがちなオタクと、そのオタクの愛する現代視覚文化についても安心して会話できた。私たちオタクにとって、それは広大なフロンティア、オタクを抑圧してやまない世間に煩わされることのない自由の地として体験された。

匿名掲示板・テキストサイト、「おれら」の世界

21世紀に入る頃にはパソコン通信は下火になったが、インターネットの環境は着実に整備されていった。由緒あるネットブラウザ・モザイクの系譜であるネットスケープナビゲータに代わり、はじめは不評だったインターネットエクスプローラーが少しずつ評価されるようになり、定期的なOSの入れ替えと環境構築がほとんど必須だったウィンドウズの動作も（ウィンドウズMeという例外はさておいて）かなり安定するようになった。

1999年には最も有名な匿名掲示板である2ちゃんねる（現5ちゃんねる）が、あめぞう掲示板から分かれるかたちで登場し、当然のように私も参加した。2ちゃんねるも、ニフティと同じく話題ごとにスレッドが分割されていたが、全員が匿名である点が大きく異なっている。2ちゃんねるはスレッドそれぞれのローカルルールがうるさく、空気を読めない人間が排除されがちな場所だったし、ブラウザをクラッシュさせる悪戯が施されていたりもした。それでも当時は詳しい情報や専門的な話題をやりとりする場として、さまざまなジャンルの情報交換に重宝した。2ちゃんねるの警句「半年ROMってろ」（ROMとは、Read Only Member の略。半年は何も書かずにスレッドを読んで空気や不文律を学びなさいといった意味）を遵守し、自分が荒らしになってしまわないよう気を付けたものである。

検索サイトについても、日本では2000年にグーグル検索が登場している。グーグル検索は、ヤフーのようなそれまでの登録型検索サイトを完全に凌駕していて、当時は検索ワードさえ適切なら、インターネット上のあらゆる情報を検索結果に並べてみせた。

とはいえ、2000年代前半の段階では個人のウェブサイトに設置されたハイパーリンクもまだまだ無視できず、ハイパーリンクを編集・提供する専門のニュースサイトも重宝されていた。そうしたハイパーリンクを辿りながら、私たちは夜な夜な既知のウェブサイトを巡回すると同時に、新しい情報や出会いを求めて未知のウェブサイトを「ネットサーフィン」した。新発売のゲームのレビューや攻略法、これから出掛ける海外旅行先での注意点、ファッション初心者が気を付けるべきポイント、等々については当時の段階でもひととおりの情報がインターネット上で発見できた。それだけではない。今日のインターネットの日の当たる場所では目につかない情報にも簡単にアクセスできた——脱法的な薬物へのアクセス、今日なら炎上間違いなしの各種専門家の愚痴、差別用語、違法アップロード、社会の裏技。そういったものに溢れていたのもインターネットだった。

2ちゃんねる創設に深くかかわったひろゆき（西村博之）は、「嘘を嘘であると見抜ける人ではないと（掲示板を使うのは）難しい」という発言を残している。2ちゃんねるに限らず、インターネットの情報は玉石混交（ぎょくせきこんこう）で、真偽のわからない人間は信じるべきでないものを信じたり判断を誤ったりするかもしれない。ブラクラ（ブラウザクラッシャー）や2ちゃんねるの「fusianasan トラップ」などもそうだ。なにより当時のインターネットの領野のほとんどはアンダーグラウンドなものだった。

たとえばインターネットでマスコミの悪口をどれほどいおうが、どぎついフォントで陰謀論をウェブサイトに垂れ流そうが、誰も歯牙にもかけないし何の影響力もない。今日のSNSにありがちな炎上や訴訟のリスクも当時はきわめて低く、2000年の西鉄バスジャック事件の犯人が2ちゃんねるで「ネオむぎ茶」と名乗っていたことが広く知られたのも、事件が終わってからのことだった。インターネットにオタクが集まり、社会のメインストリームに怨嗟の声をあげたとしても、社会がそれに反応することはなかった。だから現在よりもずっと乱暴・過激な表現がまかり通っていたし、インフォーマルなだけでなく、イリーガル寄りでも構わないとみなされていた。

アンダーグラウンドな空間にあったシェアの夢

そうしたイリーガル寄りのインターネットに、ウィンエムエックスやウィニーのようなファイル共有ソフトが登場し、音楽ファイルやアプリケーションが出回ったりした。それらは自由であると同時に自己責任がともなない、ダウンロードしたファイルにウイルスが仕掛けられていてもおかしくなかった。ちなみに私は、これらのファイル共有ソフトを使うとウイルスに感染すると聞いていたので用いていない。

これらに限らず、アンダーグラウンドなインターネットには法の適用のあいまいな領域、もっといえば無法地帯があちこちに存在していた。そうしたなか、安室奈美恵や浜崎あゆみなどを擁するエイベックスは、２００２年にＣＣＣＤ（Copy Control CD）を採用している。このＣＣＣＤをはじめ、違法コピーを防止するためのＤＲＭ（Digital Rights Management）技術が模索されていった。

とはいえ、法の明かりが十分に届かないフロンティアだったからこそ、インターネットが人を惹きつけ、急速な成長を後押しした側面も否定できない。たとえばユーチューブやニコニコ動画の最初期のコンテンツとして、違法アップロードされた音楽や映像はそれなり重要だったように思い出される。後々、インターネット全体に法の明かりが行き届くようになると、違法アップロードは撲滅され、権利関係が整理されていくが、２０００年代のインターネットはまだその段階ではなかった。

だから懐古的なネットユーザーが「２０００年代以前のインターネットは自由だった」

写真18
西鉄高速バス乗っ取り事件、包丁を手に車内を動き回る少年
2000年、東広島市
写真提供：毎日新聞社

と述べるとき、その自由には、法の行き届かないフロンティアの自由、さながらゴールドラッシュが起こったばかりで法治の行き届かない19世紀のアメリカ西部のオンライン版のような自由が含まれている。それは、2024年の常識人が考える自由とイコールではない。

2000年代は、いち早くアクセスできたインターネットの住人たちがアンダーグラウンドでイリーガルですらある自由を謳歌し、自分たちがインターネットの主のように思い込めた時代だった。加えて、そのインターネットが加速度的に発展し、テクノロジーの発展とユーザー数が増えていく恩恵の双方に与ることのできる時代でもあった。そうした状況のもと、ウェブサイトの管理者たちは全日本・全世界に情報発信していると思いこんだり、見知らぬ誰かに自分のウェブサイトやブログが読んでもらえるかもしれないと期待したりできた。匿名の世界でもそれは変わらない。2ちゃんねるに数多く作られたスレッドや2000年代後半に傑作が作られた「やる夫で学ぶ○○シリーズ」(教養的なものを解説するスレッド)、ウィキペディア、さまざまなゲームの「攻略ウィキ」といった無料ながら優れたアウトプットが、この時代には鈴なりだった。

ネットユーザー同士があらゆるものを無償で提供しあい、あらゆるものが無料で手に入る。どんなに需要の少ない情報でもロングテール的な需給関係が成立する――まるで夢物語のような状況だが、それが実際に起こっていたのである。こうした状況は「ウェブ2・0」という当時の流行語とも近い。「ウェブ2・0」は、フリーウェアやオープンソースの支持者であるティム・オライリーにより提唱された概念で、日本ではITコンサルタントの梅田望夫が2006年に上梓した『ウェブ進化論』などをとおして知られた。ウェブ2・0は当時のそんなインターネットの状況ともよく一致し、その思想はある程度までネットユーザーたちに共有されていた。だからこそ有名無名の人々が優れたアウトプットを無料で・情熱的にウェブに放流していたし、そうすることに疑問を感じる人はむしろ少数派で、それどころかウェブをとおしてお金をもうけることに抵抗感を抱く人さえ少なくなかった。

なぜ、今日のインターネットではマネタイズされているはずのあらゆるものが無料だったのか。なぜ、カネにならない無料のゲーム攻略ウィキに大勢の執筆者が集まり得たのか。なぜ「電車男」が大勢の匿名投稿者たちに主人公が支えられるストーリーとなっているのか――そんな2000年代のインターネットのWhyを振り返る補助線として、「ウェブ2・0」というキーワードは今日でも有効だ。

いつの間にかビジネスの草刈り場

いい時代というのはそう長続きしない。まして、それがイリーガルなものからリーガルなものに変わらなければならず、アンダーグラウンドという位置づけから社会のメインストリートのような位置づけへと変わらなければならないなら尚更だ。２０００年代後半以降、インターネットはまさにそのような運命を辿った。

実のところ、２０００年代においてもインターネットはビジネスの場だった。アマゾンはとっくにネット通販大手になっていたし、急成長したグーグルはこれまた急成長したユーチューブを買収した。フェイスブック、インスタグラム、ツイッター（現Ｘ）といった、２０２０年代にもよく知られているネットサービスが次々に登場し、巨大なマスボリュームを抱えていく。アップルやマイクロソフトも含めたビッグ・テックの企業価値はうなぎのぼりとなり、企業の頭文字をとったＧＡＦＡ、またはＧＡＦＡＭという言葉が持てはやされた。

そうした変化を、はじめ、私や私のネット仲間たちはインターネットが便利になっていく、と捉えていた。オフラインとは異なるどこかとしてインターネットに住み着いていた大勢のオタクにとって、実名や実益に紐付けられたフェイスブックのようなサービスは賛否両論あったが、インターネットの利便性全体が高まっていく変化は歓迎された。

と同時に、第3章で紹介したように、インターネットの発展とともに社会の日陰者だった現代視覚文化、特にアニメやゲームとその派生物の知名度が高まり、たくさんの若者たちが初期のユーチューブやニコニコ動画をとおしてゲームの『東方Project』やボーカロイドの初音ミク、アニメネタやゲームネタに親しみながら育った。２０００年代後半は、アンダーグラウンドなインターネットに集まっていた豊穣な産物が、より多くの人と世代に知られていった時代だ。

しかし人が集まりカネも集まると知られてしまえば、いつまでもアンダーグラウンドな場所ではいられない。ファイル共有ソフトや違法アップロードはマジョリティのための日向になろうとしているインターネットには邪魔だった。２００２年に金子勇が開発し、その顛末が映画になったウィニーは、情報漏洩事件やネットワーク帯域の圧迫から、２００６年にはプロバイダによる規制の対象になっていった。

ユーチューブやニコニコ動画からも違法アップロードが削除されていく。代わって、権利関係を整えた動画が、公式のお墨付きのもと、配信されるようになる。ニコニコ動画で有料のプレミアム会員が登場したのは2007年だが、私自身は、これに躊躇なく課金をしている。どうせインターネットでアニメを観るのなら、リーガルで、制作者に利益が還元されるほうが良いと思えたからだ。

そうこうするうちに、インターネットはビジネスマンの草刈り場、サブスクリプションに囲いこまれた場になっていた。ネットフリックス、アマゾンプライム、スポティファイ。他にもさまざまなものが有料化されていった。有料ではないようにみえるサービスも、たいていの場合、広告収入といったかたちでなんらかのビジネスが介在することになる。かつて、森羅万象を検索結果に示してみせたグーグル検索もその一例といえるだろう。今日のグーグル検索は広告やカネや政治にまみれた検索結果が上位に並びがちで、肝心な情報を素早く見つけるには頼りにならない。

インターネット上のあらゆるものにビジネスが介在するようになれば、2000年代の

写真19
ウィニー事件の控訴審判決で、大阪高裁に入る金子勇
2009年、大阪市
写真提供：共同通信社

インターネットで共有されていたウェブ2・0的な考え方、ひいては無料でなされていた知識や情報の授受もそのままではいられなくなっていく。

嫌儲・おぼえていますか

オタクの情報源も変化を被らずにはいられなかった。たとえば2000年代において、ゲームの攻略情報は匿名有志が作ったゲーム攻略ウィキと個人が作ったゲーム攻略ウェブサイトで事足りるものだった。私も、誰かが読んでくれると期待しながらそれらの作成に携わったものだ。ところが2010年代以降、ゲーム攻略ウィキは急速に衰退し、代わってたとえばゲームウィズ(2013年創設)や神ゲー攻略(2015年創設)といった商用のゲーム攻略ウィキを企業が作りはじめた。

ユーチューバーや配信者たちがゲーム攻略を、さらにゲーム実況というジャンル全体をビジネスにしていく。そのゲーム動画は、攻略動画としての勘所を掴んだものばかりではない。バラエティー番組の雛段のような賑やかさ、ゲームをネタにした配信者同士のトークを売り物にしたものも少なくない。ゲームもゲーム実況も、もはやオタクだけを相手取るものではなくなったのだ。広告収入とPV数が統べるインターネットにおいては、筋金入りのオタクが欲しがる情報より、人気ユーチューバーが『マインクラフト』をプレイする動画のほうがバリューが高いとみなされる。そしてそのような動画を配信する者が、新時代の子どもの憧れを牽引することにもなる。

匿名ユーザーが集まってスレッドを支える2ちゃんねると、そのプロダクトも衰退していった。先にも紹介したように、2ちゃんねるの個々のスレッドはハイコンテキストで排他的だった一方、専門的な知識が披露されたり、込み入った意見交換が成立したりすることのある場でもあった。「やる夫で学ぶ○○シリーズ」といった、匿名個人による大作もしばしば作られた。そうした意見交換や匿名個人の大作を紹介するまとめサイトが作られたが、まとめサイトは広告ビジネスであり、少なくない2ちゃんねるのユーザーが自分たちのアウトプットがビジネスに利用されていることを嫌悪した。

嫌儲（けんもう）、という言葉がある。これはインターネット上でカネをもうけることを嫌う考え方で、2ちゃんねるには専用の板（掲示板）まで作られていた。インターネットの森羅万象がビジネスに舗装されている2020年代のインターネットにおいて、嫌儲は時代錯誤というほかない。だが、インターネットがビジネス化されていく過程にあって、それは金切り声のような抗議だった。2ちゃんねるのまとめサイトは2ちゃんねらーのアウトプットで糊口を凌ぐ存在であるだけでなく、すべてが無償で提供され、すべてを無料で受け取れたウェブ2・0以前のインターネットの生態系を否定するもの、破壊するものだった。変わりゆくインターネットの未来を予感させるものでもあったかもしれない。

2010年代には、私が使っているブログサービス・はてなブログでも、「ブログでお金儲け」を謳う人々と、それに扇動される新米ブロガーが目立つようになった。彼らはブログを愛しているのでも文章を書きたい衝動があるのでもなく、とにかくお金を欲していた。彼らが注目するのも面白いブログではなく、お金儲けを吹聴するブログだ。そうしてブログの世界をお金の話でいっぱいにした後、彼らはイナゴのようにもっと多くのお金が手に入りそうな場所——動画配信のような——に飛び立っていった。当時の私はとにかくブログを書くことが好きで仕方がなく、ブログで金儲けという発想がなかったから、その一部始終は眺めていて気持ちの良いものではなかった。

「インターネットが世間になっている！」

人がインターネットに集まれば、お金だけでなく、影響力、ひいては政治力もそこに集積することになる。

日本では２０１１年に東日本大震災が発生し、この頃から地方自治体も政府も企業もマスメディアも芸能人もインターネットをあてにするようになった。先立つ２０１０年から始まったアラブの春でも、バラク・オバマが当選したアメリカ大統領選挙でも、インターネット、とりわけSNSが重要な役割を担ったといわれる。スマートフォンが普及し、そのスマートフォンをとおしてあらゆる人と人が繋がるようになり、通勤通学の最中にツイッターやラインを眺めるようになったのだから、そこに流通する影響力は無視できないし、インターネットが政治の草刈り場になるのは避けられない運命だった。

日本語圏のインターネットも、２０１０年代ににわかに政治めいてきた。原発の運転再開に賛成するのか反対するのか。誰の権利がどこまで守られるべきで、どこからが公共の名のもとに制限されて然るべきか。どの政党のどの議員が良いことを言っていて、逆にどの政党のどの議員がろくでもないことを言っているのか。ツイッターに集まった大勢の人々が、政治や思想信条に基づいてぶつかりあい、ギスギスと不協和音を奏で始めた。

もちろん政治の話が2000年代のインターネットに皆無だったわけではない。たとえば2ちゃんねるには嫌韓・嫌中のスレッドが存在していたし、各政党への支持表明を繰り返すネットユーザーを見かけることもあった。だが政治の話は特定のスレッドやウェブサイトに偏って存在していたのであって、WWW全体のどこにでも現れ、否応なく誰をも巻き込むものではなかった。なにより、イリーガルでインフォーマルでアンダーグラウンドなインターネットで政治や思想信条を語ったところで、それは（当時の2ちゃんねるを揶揄する言葉を借りるなら）「便所の落書き」に過ぎなかったはずだった。

ところが2010年代には、私のツイッターのタイムラインにまで政治の話、ひいては政治家や政治指針をこき下ろしたり持ち上げたりする話が溢れるようになった。政治家や運動家や学者がツイッターにも登場し、本気の政治闘争や世論形成が行われていく。

写真20
比例代表で当選を決め、「ツイッター」に書き込みをする
自民党の片山さつき
2010年、静岡県浜松市
写真提供：共同通信社

「おれたちは、世間の嫌なことから逃れるようにインターネットに来たはずなのに、インターネットが世間になっている！」――政治や金とは関わり合いの乏しいネットライフを楽しんでいた私にとって、それは当惑するもの、迷惑なもの、そして「ネクタイを締めてスーツを着た人々」にインターネットの世界が奪われると感じられる体験だった。インターネットはもう自分たちの別天地ではないのだな、とも思った。これからのインターネットは、ビジネスや政治に第一に奉仕するものなのだ。

こうして世界は「便所の落書き」に囲まれた

私の感傷をよそに、イリーガルでアンダーグラウンドだったインターネットが急速にリーガルでメインストリーム的な空間に変わっていった。そこはもう、ナード、ギークやオタクが午後11時からパジャマパーティをする空間ではない。ネクタイを締めた人々がフォーマルなステートメントを表明する場であり、企業の公式アカウントや著名人が真っ先にアナウンスメントを発信する場でもある。

その代表格を挙げるとするなら、フェイスブックとインスタグラムだろう。ツイッターは日本語圏ではそれらより人気があり、パジャマパーティっぽさを残していたが、これも、ポリティカルコレクトネスを巡る争いや訴訟問題などをとおして急速にリーガルでメインストリーム的な顔つきを帯びるようになっていった。

つまりインターネットはついに公式の場として認められ、そこにアップロードされるコメントや表現は「便所の落書き」とはみなされなくなり、と同時に世界はその「便所の落書き」に囲まれてしまったのである。

懐古的なネットユーザーのなかには、そうした変化を嘆く者もいた――インターネットが不自由になっていく、と。だがさきほど記したように、2000年代以前のインターネットの自由とはイリーガルでアンダーグラウンドな状況を前提としたものだった。ファイル共有ソフトで違法コピーされる側の権利が守られない空間の自由、よりうまくインターネットを使いこなせる者がなんでも手に入れられ、より拙劣にしかインターネットを使いこなせない者はなんにも手に入らない空間の自由だった。

今日でも、行くところに行けばそのようなインターネットは存在する。が、少なくともビジネスや政治の草刈り場となり、レイトマジョリティやラガードをも含んだ大多数がアクセスするようになったインターネット空間において、そのような自由が野放しにされるわけがなかった。

インターネットがまだマイナーだった2000年、アメリカの法学者のローレンス・レッシグは著書『CODE』のなかで、インターネットとネットユーザーの行動について論述した。

レッシグによれば、人の行動は①法、②社会規範（常識や社会通念）、③市場、④アーキテクチャによって左右されるが、それはネットユーザーにも当てはまるという。このレッシグの論述に基づいて、その後のインターネットの変化について私なりにまとめると以下のようになる。

まず①法について。法の明かりに照らされるようになったインターネットでは商取引が守られなければならず、違法な取引は罰則の対象となる。著作権や肖像権を侵害する言動、たとえばファイル交換ソフトの使用や誹謗中傷は許されない。今日では、インターネット上で誹謗中傷にさらされた被害者が法的手続きで対抗することも珍しくなくなった。

②社会規範の変化も無視できない。たとえばアーリーアダプターからアーリーマジョリティまでのものだったインターネットにおいて、「嘘を嘘であると見抜ける人でないと（掲示板を使うのは）難しい」というひろゆきの警句は大多数が納得する社会規範たり得た。誰もがインターネットにみずから接続しなければならず、みずからハイパーリンクを辿ってネットサーフィンをしなければならなかった頃のインターネットでは支持されやすい考え方だったろう。

しかしあらゆる人が自動的にインターネットに接続し、それどころかインターネットのほうからわざわざ繋がってきてネット詐欺を押し付けようとしてくる今日では、その社会規範は支持されない。スパムメールに限らず、嘘と呼べるものは嘘でしかない。嘘は、馬鹿にして眺めていられるものでも、そのまま放置して構わないものでもなくなった。

それから③市場。2000年代から2010年代にかけてインターネットで起こった変化は、経済学の言葉でいう「囲い込み」の進行によく沿っている。「囲い込み」とは、哲学者のジョン・ロックが（資本主義の道理に基づいて）私有地や私有財産の所有が正当化されていく、そのプロセスについて述べた言葉だ。たとえばアメリカのフロンティアを開拓した農民は、その土地を自分のものとして利用し、利潤をあげることができる——ロックの『市民政府論』では、このことが論じられている。

デジタルフロンティアで進行したプロセスも、この「囲い込み」に似ている。ニコニコ動画やユーチューブが特にわかりやすいだろう。それらの創設者はまず、動画配信というサービスの領野をインターネット上で開拓し、人を集め、それらを利用して利潤をあげる仕組みを用意した。黎明期のそれらは法的にグレーな利用を含んでいたが、収益の仕組みが整えられると同時に権利関係も整理され、実際、それらは開拓者の私有地となり、利潤をあげる場となった。ネットサービスだけでなく、個々の配信者や発信者のコンテンツもそのように整理されていった。

こうなると、動画も音楽もゲーム攻略情報も、もはやフロンティアに実った誰でももぎ取って構わない果実ではない。それらは私有地に並べられた、いわば商品に変貌し、一見無料で提供されているものも、広告収入やアフィリエイト収入に紐付けられ、なんらかのかたちで利潤に結びついている。ここに至って、ウェブ2・0という夢物語が説得力を持つ余地はなくなった。

最後に④アーキテクチャについて。アーキテクチャとは日本語で「構造物」や「空間設計」といった意味の言葉だ。第6章でも触れるが、アーキテクチャは人間の行動を大きく左右する。たとえば東京のターミナル駅では人の流れがスムーズになるよう片側通行が促されているし、東京の道路の多くはガードレール等によって歩車分離が進められ、歩行者が車道を強引に横断しにくいつくりになっている。

インターネットではそれが顕著だ。歩車分離の道路はその気になれば強引に横断できなくもないし、片側通行の指示に逆らって歩くことも不可能ではない。しかしインターネットではハイパーリンクやURLが存在しなければどこにも辿りつけない。ウェブサイトにもうけられたリンク集を辿るしかなかった時代、グーグル検索が脚光を浴びた時代、SNSがあらゆる人に行きわたるようになった時代、それぞれのインターネットの人の流れは、トラフィックの導線によって規定されてきた。

たとえばツイッターでは、フォローや被フォロー、リツイート（リポスト）などのアーキテクチャの仕組みによって、ユーザー一人ひとりの目に触れるものが変わる。与党を支持する者には与党を支持していない人がおかしいようなタイムラインを見せ、野党を支持する者には野党を支持していない人がおかしいようなタイムラインを見せる。そんな個々のタイムラインの外側がどうなっているのか、わざわざ観に行こうと思い立ち、他人のタイムラインを覗くのはとても難しい。

そうしたアーキテクチャには市場からの期待も反映される。より長時間ユーザーに利用させるために。より購買行動を誘うために。より顧客の情報を吸い上げるために。よくできたショッピングモールの空間設計が客をより長く滞在させ、より多くの買い物をさせるのと同じように、インターネットのアーキテクチャは変わり続けてきた。

法が民主主義の仕組みをとおして皆で定められるのに対し、アーキテクチャは個々のネット企業が定める点には注意が必要だ。ある企業は商品を売るために、また別の企業は長時間アプリを使わせるためにアーキテクチャを改変する。2022年に実業家のイーロン・マスクに買収され、Xに改名してからのツイッターに起こっていることはまさにそれだ。そうした企業の都合によるアーキテクチャの改変の結果、思想信条に基づいた言い争いが起こりやすいアーキテクチャや、羨望と嫉妬のためにメンタルを病みやすいアーキテクチャができあがることがあってもおかしくはない。

メディア論で名をはせた社会学者のマーシャル・マクルーハンの言葉に、「メディアとはメッセージである」というものがある。これは、たとえばツイッターやフェイスブックやインスタグラムは、そこに投稿されたポストのひとつひとつがメッセージである以前に、それぞれのネットメディア、それぞれのアーキテクチャが特定のメッセージを生み出しやすいつくりになっていて、そのアーキテクチャならではのメッセージができあがり、そのアーキテクチャならではの性質を帯びるといった意味を持つ。これに沿ってインターネットの現況を考えてみると、個々のフェイクや扇動者が問題であるだけでなく、アーキテクチャ全体がフェイクや扇動を生み出しやすいつくりになっていて、それらが再生産され続け、そこに大勢のネットユーザーがとらわれていることが問題になる。

ここから、たとえばツイッターから転じたXにおいて真の発信者は誰か？と問うことも可能だろう。マクルーハンの理屈で考えるなら、Xの仕様を都合の良いように変更するイーロン・マスクこそが真のメッセージの発信者なのであって、彼の構築したアーキテクチャの内側でコミュニケーションしているつもりになっている私たちは、結局彼の期待どおりにコミュニケートさせられ、彼の構想するメッセージの片棒を担ぎ続けている、ともいえないだろうか。

Xをはじめ、個々のネットサービス、ネットアーキテクチャは私有地であり、私有地をどのように利用すべきかは第一にその所有者が考えることではある。だが、それぞれのネットサービスは私有地というにはあまりにも広く用いられ、あまりにも大きな力を持ちすぎてしまった。『CODE』にも書かれていることだが、アーキテクチャの設計者が持つ権力は、本当はとても大きい。2010年代以前の私たちは、『CODE』を読んでもなお、そのことを十分に考えきれていなかった。

日本人である私たちの場合、そうしたネットアーキテクチャが国外企業に握られているのも問題だろう。インターネットに頼って生きるとは、この場合、国外企業の胸先三寸に生活を委ね、そのアーキテクチャ、その約款(やっかん)を受け入れるということでもある。インターネットの領野がほとんど「囲い込み」済みとなったインターネットを受け入れるとは、広告だらけになった検索エンジンを受け入れ、フェイクや扇動が横行するSNSを我慢し、外国企業による規制に曝されることと同義に近い。実際問題、2024年にはファンザやディーエルサイトといった日本の成人向けサイトが外国のクレジットカード会社から締め出されたが、もし同じようなことがXやインスタグラムで起こったとき、私たちにはなすすべがないのである。

あのころの未来にたどりついたけど

そのように変わり、普及していったインターネットによって社会が大いに助けられる事態もやってきた。コロナ禍である。

2020年代はコロナ禍とともに始まった。大きな災厄ではあったけれども、すでにインターネットが普及し、リモートワークなどが可能になっていた。コロナ禍の惨禍を軽減させるうえでインターネットは非常に役に立ったが、その渦中にあってさえ、人々はインターネットのなかで対立をやめなかった。さまざまなデマ、早とちり、陰謀論も飛び交い、誹謗中傷に対して法的手続きを執る事例も少なくなかった。

そうしたインターネットでの出来事を「嘘を嘘と見抜けない人には難しい」と言って済

ませる人はもういない。賛否はともかく、私がインターネットに繋がりっぱなしになった四半世紀前とは隔世の感がある。

私は２０２０年代のインターネットに大きくわけてふたつの所感を持っている。

ひとつは、１９９０年代から見て未来だといえる環境に私たちがたどりついたこと。１９９０年代にインターネットに繋がりっぱなしでいられたのは、研究者を除けばテレホーダイを利用していたオタクたちだけだった。回線スピードが遅く、できることが限られていたのはいうまでもない。それが、ユーザー数が爆増し、買い物も、友人探しやパートナー探しも、ヘルスケアや行政手続きも、たいていのことがインターネット越しにできるようになった。

スマートフォンの普及も、私には未来じみている。２０２４年現在、ほとんどの人がスマートフォンを肌身離さず持ち歩いているが、これはインターネットが単なる普及段階を越えて、人間自身がインターネットになっていく、いや、人間自身がオンライン化していく兆しと私にはうつる。ＩｏＴ化という言葉もあるが、私の目には、あらゆるものがインターネット化・オンライン化していく以上に、なにより人間自身がインターネット化・オンライン化し、人間自身が情報として取り扱われ、その結果、人間の機能が拡張する時代が到来しているふうに見えている。

『異世界はスマートフォンとともに。』という人気ウェブ小説があったが、実際問題、スマートフォンは人間の機能を大幅に拡張した。これから普及するスマートフォンの後継的なスマートメディアは一層そうであるはずで、スマートフォンの普及は、人間がサイボーグ化し、機能を拡張していくターニングポイントとして記憶されるだろう。その場合、２０１０年代から２０２０年代は、人間がＩｏＴ化をとおしてオンラインに溶け込み、そこへの適応を否応なく突き付けられた時代の初期段階として歴史年表に載ることになる。

もうひとつは、そうした人間の情報化とサイボーグ化に人間自身がしばしばついていけず、振り回され、たとえばネット依存やゲーム症といった問題が起こっているという所感だ。そうでなくても私たちは、ＳＮＳのアーキテクチャにすっかり包囲されて、見たいものだけを見て、信じたいものだけを信じて、党派性に凝り固まりながら争うことをやめられずにいる。こうした点も含めて、人間にはインターネットは早すぎた。それが言いすぎだとしたら、インターネットは人間にやさしい情報インフラとしては進化しきれなかった、と言い直すべきだろうか。

アニメ『機動戦士ガンダム』シリーズの監督である富野由悠季は、1970年代の初代『ガンダム』のなかで人と人とが繋がりあう〝ニュータイプ〟という新しい人々を人類の希望として描いた。ところが彼は、1980年代にはその〝ニュータイプ〟を精神的破綻と紙一重の人物として描き、1990年代には戦闘が上手なだけの人間、しばしば不幸な生い立ちを背負った人間として描いている。

インターネットへの期待と幻滅は、このガンダムのなかの〝ニュータイプ〟の変遷にどこか似ている。インターネットもはじめは希望のフロンティアで、誰もが繋がり、協力しあえる未来を夢みていた。けれどもネット依存やオンラインゲーム依存といったかたちで弊害が目につくようになり、その影響力と普及率が国政選挙に影響するほどになったとき、それは人と人を繋ぎ合わせるかすがいであるのと同等かそれ以上に、人と人とをいがみ合わせる刃にもなった。

VR（仮想現実）やAR（拡張現実）といった、IoT化の最先端領域でも人間は人間であり続けている。たとえば人気バーチャルユーチューバーが、結局それを運営する〝なかのひと〟のスキャンダルによって恥辱にまみれることはよくある。『ポケモンGO』や『イングレス』といった位置情報ゲームも、人間同士が協力できることを示すと同時に、いがみ合い、足を引っ張り合い、縄張り意識に囚われてしまうことを示してしまった。どんなにテクノロジーが進歩した社会でも、人間は人間のままである限り、その等身大の賢さと愚かさをオンライン上で拡大再生産してしまうのではないか。

わたしたちは愚かなサイボーグになった

そうしたなかで起こったツイッターのX化は私には象徴的な出来事とうつった。イーロン・マスクが買収する前、一部の人々は、ツイッターはポリティカルコレクトネスに迎合しすぎだと主張したが、イーロン・マスクが買収すると、今度はその正反対だといわれるようになった。そしてマストドンやブルースカイといった複数のメディアに小さな塊を分裂させながらXは縮小し始めた。ツイッターをとおして繋がりすぎてしまった人々が、そうではない小塊へと分裂していくさまは、まるでバベルの塔の寓話だ。

しかしマスクが出てくる前からインターネットはばらばらだったし、もっとばらばらになりたがっていた。人間は依然として愚かだ。少なくとも初代『ガンダム』で描かれた〝ニュータイプ〟の希望を具現化できるほどの賢さは持っておらず、さしずめ〝オールドタイプ〟であるといわれても仕方がない程度には愚かだといえる。

その、十分に賢くない私たちがこれからＩｏＴ化をとおしてオンラインに取り込まれ、情報として取り扱われ、サイボーグ化していく。それは今までになかった課題だ。ＡＩによる支援が必要になるのではないだろうか？

しかしＡＩによる支援とは言葉上のことに過ぎず、結局それはＡＩによる人間の統治になりかねない。ＡＩが人間を上回る知性になる技術的特異点、いわゆるシンギュラリティが本当にやって来るならなおさらそうだろう。

そのとき政治はどのようにＡＩによる人間の統治をデザインするだろうか。そしてインターネットに溶け込んだ未来の人間はどのように生きるべきとみなされ、どれぐらい生かされるべきとみなされ、そのとき、幸福とみなされる人間像は現在の私たちのそれとどれぐらい違っているだろうか。

本書では変わりゆく社会、そのままならなさと予測の難しさについて記してきたが、インターネットもそのひとつだった。もちろん、研究者や専門家なら今日の未来の幾つかを言い当てただろうし、1985年の映画『未来世紀ブラジル』のような予言的作品がなかったわけではない。だが、高度なテクノロジーによって低レベルな争いが増幅され、それがオンライン空間に反響し、人と人が反目しあう事態をきちんと言い当てていた人は多くなかったと思う。それはテクノロジーやインターネット自身の問題というより、テクノロジーやインターネットについて考える際に参照すべき人間像を見誤っていたためではなかっただろうか。

これまでの著作活動のなかでは私は、たとえ愚かでも人間は人間であり、そのような人間が（大前提として）愛すべきものであることを示してきたつもりだ。その人間が、人間のままでいられて、なおかつインターネット社会、ひいては社会全体がIoT化していく未来を生きていられるように願う。この願いは無謀だろうか。もし無謀だとしたら、やはり社会全体のIoT化にあわせて人間が（たとえばゲーム症やネット依存のように）治療されたり、矯正されたり、なんとなれば作り替えられなければならなかったりするような未来を待望すべきだろうか。

ここでも未来を見通すことは難しい。案外、とんでもないブレークスルーが私の懸念を解消してくれるかもしれない。だが楽観も難しい。本章のはじめに示した真のデジタルネイティブ世代は、２０１０年代から２０２０年代をどのように振り返るだろうか。あと何年かでも生きて、それを目の黒いうちに知ってみたいものである。

第６章

やって
きたのは
「意識低い」
ポスト
モダンだった
2020年〜

1979	仏でリオタール『ポストモダンの条件』刊行
1983	吉本隆明『マスイメージ論』刊行
1983	小林秀雄死去｜浅田彰『構造と力』刊行｜中沢新一『チベットのモーツァルト』刊行
1984	浅田彰『逃走論』刊行｜吉本隆明『マスイメージ論』刊行
1985	柄谷行人『批評とポストモダン』刊行 村上春樹『世界の終りとハードボイルド・ワンダーランド』刊行
1986	東京国立近代美術館で「近代の見なおし ポストモダンの建築1960-1986」開催
1988	高橋源一郎『優雅で感傷的な日本野球』刊行 蓮實重彥・柄谷行人『闘争のエチカ』刊行
1989	石原慎太郎・盛田昭夫『「NO」と言える日本』刊行｜大塚英志『物語消費論』刊行
1990	イラクのウェート侵攻｜山崎正和『日本文化と個人主義』刊行
1991	仏でボードリヤール『湾岸戦争は起こらなかった』刊行｜ソ連崩壊
1992	米でフランシス・フクヤマ『歴史の終わり』刊行｜『朝日ジャーナル』休刊
1994	上野千鶴子『近代家族の成立と終焉』刊行｜小林康夫・船曳建夫編『知の技法』刊行
1995	宮台真司『終わりなき日常を生きろ』刊行｜村山談話
1997	仏でアラン・ソーカルほか著『「知」の欺瞞』刊行｜神戸児童殺傷事件
1998	改正労働基準法成立｜東浩紀『存在論的、郵便的』刊行
2001	米同時多発テロ事件発生｜東浩紀『動物化するポストモダン』刊行
2005	厚生労働省、統計開始以来、初めて日本人の人口が自然減少となる見通しを発表
2008	東浩紀・北田暁大編『思想地図』創刊 辻井喬・上野千鶴子『ポスト消費社会のゆくえ』刊行
2009	オバマ大統領就任｜佐々木敦『ニッポンの思想』刊行
2011	宇野常寛『リトル・ピープルの時代』刊行｜古市憲寿『絶望の国の幸福な若者たち』刊行
2012	吉本隆明死去｜安田浩一『ネットと愛国』刊行
2013	習近平が国家主席に選出｜マイナンバー法成立 千葉雅也『動きすぎてはいけない』刊行
2014	プーチン大統領、クリミアのロシア編入を発表｜韓国でセウォル号沈没
2016	トランプが大統領に選出｜イギリスの国民投票でEU離脱決定
2017	Qアノン、マスコミから注目を集める｜中国、一帯一路構想を党規約に盛り込む
2020	コロナ禍｜香港の一国二制度が崩壊
2022	千葉雅也『現代思想入門』刊行｜ロシアのウクライナ侵攻
2023	文庫版『構造と力』刊行｜パレスチナ・イスラエル戦争勃発

第6章は、20世紀後半に流行した現代思想（ポスト構造主義）が語っていた近代以降の時代、いわゆる「ポスト近代」とか「ポストモダン」と呼ばれる時代について、私の生い立ちに沿って書いたものだ。

私の生い立ちに沿って書くポスト近代とは何か。石川県の片田舎に生まれ、大学時代以降も東京から少し離れた地方で生活する者にとってのポスト近代、いわば、日本海側の片田舎から見たポスト近代である。強調したいのは、東京からポスト近代について考えるつもりも書くつもりもない点だ。東京からの視点で私より勉強ができる人が書いたものなら、もっと前から存在している。

私は、大学に入ってからようやく東京を知り、近代という時代・社会について学ぶ機会を得た。ところが、そうした生い立ちである私は東京の模範的な人々ほどには近代人ではなく、つまり、近代をきちんとインストールしきれていない人間だと常々感じていた。そんな私には２０２０年代のポスト近代の風景がこんな風に見えていますよ、という文章を読者の方に伝えたいのだ。

近代社会の次の段階、いわゆるポスト近代の社会については、現代思想という思想が20世紀後半に色々なことを論じたが、その後廃れてしまった。ところが２０２０年代に入って、この現代思想をまとめた千葉雅也『現代思想入門』がベストセラーとなり、１９８０年代にヒットした浅田彰の思想書『構造と力』が文庫化される等、再注目の動きがみられている。

私はそのことを嬉しく思う。なぜなら、私の目にうつる２０２０年代の日本社会は、まさに近代の次の社会、ポスト近代と呼ぶにふさわしい社会で、それを論じる糸筋を現代思想が残してくれていると感じているからだ。

ただし、ここでも未来は20世紀の先人たちの語ったとおりにはならなかった。少なくとも私は、前世紀の先人たちが語ったポスト近代と、私が実際に見聞きしている２０２０年代や私が生活しているポスト近代の間にはギャップがあると感じている。そのギャップを、ポスト近代を語った先人の言葉を借りながら私なりにまとめたものがこの第6章、ということになる。

ニューアカの登場とオワコンになるまで

未来はいったいどうなる？
ここまでお読みになった人には、未来の先読みが難しいさまが伝わっているのではないかと思う。そうした先読みのなかで最も大胆な試みのひとつが、思想や哲学の領域の先読みだ。

思想家や哲学者は、古代ギリシアに遡るような知的射程で過去と現代を論じ、未来についても考えようとしてきた。たとえばアダム・スミス、ルソー、ヘーゲルらは、過去と現在の社会や人間を踏まえたうえで、未来がどうであるか、どうであるべきかを語った。

思想や哲学は無意味な言葉遊びではない。私有財産が警察に守られる社会、コンビニのセルフレジで何でも購入できる社会、性別やジェンダーに関係なく幸福追求ができる社会、そういった社会の青写真を準備したのも思想家や哲学者だ。「未来を作る」と言ったとき、多くの人は電気や原子力といったいわゆる理系学問を想像するが、いわゆる文系学問も、これからの制度や道徳や倫理を議論し、未来を作っていたりする。

ポスト近代（Postmodern）とは、そうした領域で語られてきた言葉だ。

ポスト近代のポストとは「後」という意味だから、ポスト近代とは近代以後、近代よりも未来の時代や社会を指す。ちなみに近代とは、産業革命が興り、産業の工業化や資本主義の発展が進んだ時期を指し、欧米ではおおよそ18世紀から20世紀、日本では明治維新後がそれにあたるとされる。労働者の搾取や環境破壊が目立った時期もあったが、それらも改善・克服され、市民がだんだん豊かに・賢く・自由になったのも近代の特色とされる。

バブル崩壊までの日本社会は、まさにこの近代化の道を突き進み、その豊かさを享受していたといえる。そのうえで、思想家や哲学者たちはその先に相当する、ポスト近代の時代や社会についても論じていた。書店で「現代思想」「ポスト構造主義」といったコーナーに並んでいる思想家や哲学者たちがそれに当てはまる。

ポスト構造主義は、1960年代から1990年代に主にヨーロッパの思想家たちが語った思想だ。思想といって大袈裟に聞こえる人は、「思想家や哲学者の視点から、近代以後の時代や社会について考えたものがポスト構造主義」と受け取っていただけたらと思う。

日本にもこのポスト構造主義が紹介されてきて、1980年代にはニューアカデミズム（ニューアカ）などと呼ばれて流行した。流行期には浅田彰『構造と力』のような本格的な哲学書が16万部も売れたというから驚きだ。

確かにこの時代、東京には近代以後っぽさがあった。工業化のピークを通過し、メディア産業の一極集中が進みつつあって、汗臭い労働運動や政治運動はダサくなっていた。世界屈指の清潔志向、コンビニやファミレスをあてにした完全に個人主義的なライフスタイル、新人類やオタクの出現などは、ある意味、パリやロンドンやニューヨークよりも未来を行っていたといえるかもしれない。

では、たくさん売れた『構造と力』をはじめ、ニューアカ時代の書籍や文献はどこまで人々に理解され、浸透したのだろうか？

実際にはあまり理解されていなかったのではないか、と私は疑っている。このポスト構造主義の論者のひとりに、ジャン・ボードリヤールという社会学者がいた。彼は著書『消費社会の神話と構造』のなかで、ポスト近代の社会では、モノの値段は誰かと差をつけるための見せびらかし記号としての価値に対してつけられ、その記号的価値に皆がお金を出している、と論じた。

これに基づいて振り返ると、スポーツカーや高級腕時計のようなわかりやすい見せびらかし品だけでなく、ボードリヤールも含めたニューアカとその思想書自体も、「私は新しい思想に通じた賢い人間です」と誰かに見せびらかし差をつけるための記号、そういう競争をしたい人や競争に乗らざるを得ない人に買われる商品だったと振り返らざるを得ない。

そのニューアカブームは１９９０年代には終わった。見せびらかしの記号、差をつけるための商品としてのポスト構造主義も〝オワコン〟になってしまったのである。

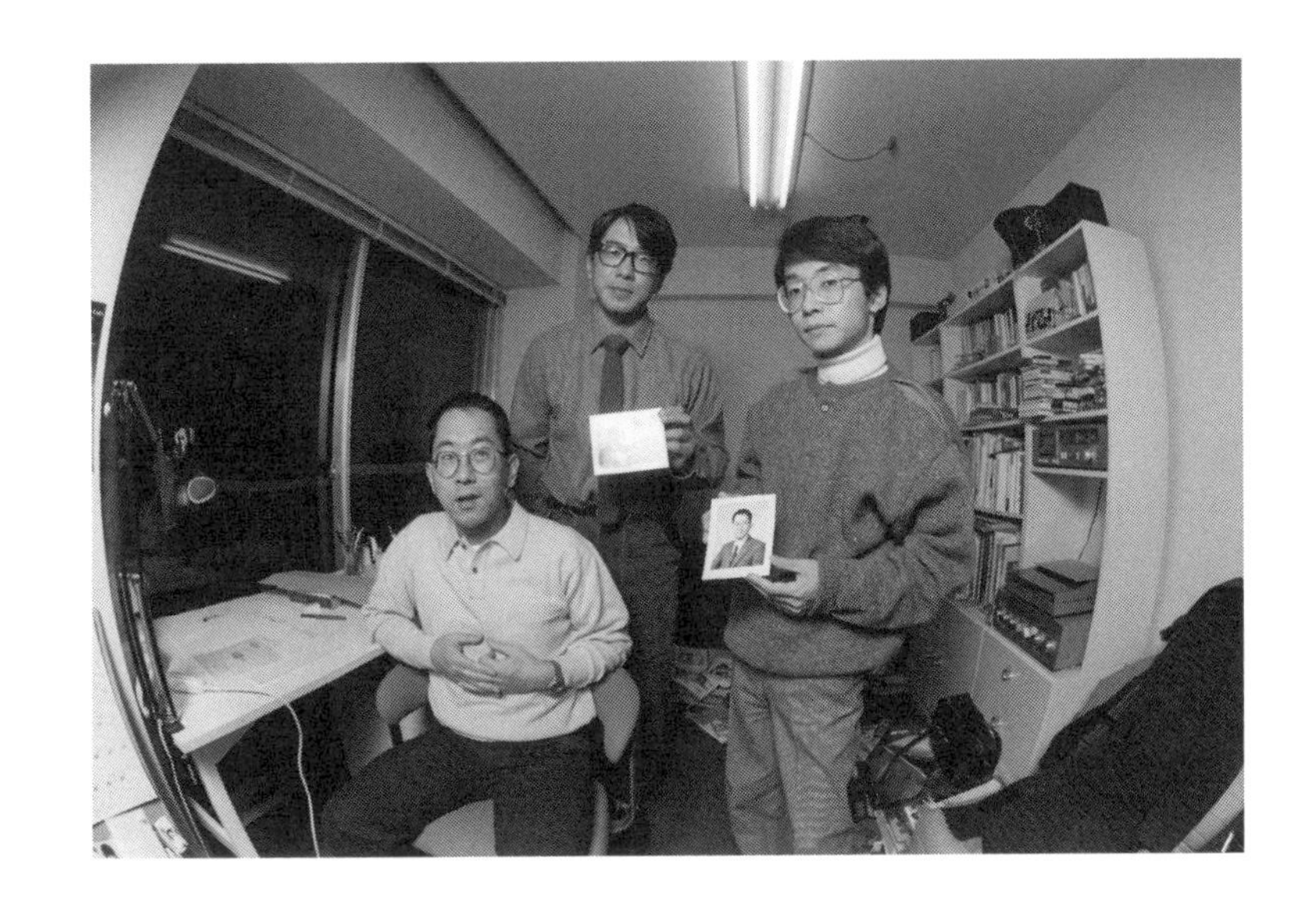

写真21
『金魂巻』で一世を風靡した渡辺和博（左）、
「ニューアカ」の担い手だった中沢新一（中央）と浅田彰（右）
1984年
写真提供：共同通信社

なぜ、そんなに早く〝オワコン〟になってしまったのか？　ひとつにはニューアカがよりどころとしていたポスト構造主義が政治やビジネスに直接役立つものではなく、それがバブル崩壊後の世相も相まって敬遠された一面はあったかもしれない。が、それだけでもあるまい。

1995年には「ソーカル事件」という出来事があり、ポスト構造主義の思想家たちが用いる数式がでたらめだ、と数学者のソーカルは批判した。この事件は、哲学や思想としてのポスト構造主義を根底からくつがえすものではなかったと私は理解している。しかしボードリヤールのいうとおりに考えるなら、ソーカル事件は、自分は賢い人間ですと他人に見せびらかす記号としてのポスト構造主義の商品価値を大きく毀損する出来事だった。

「オタクにもインターネットにも当てはまるんじゃないか」

私がポスト構造主義に出会ったのは、そのソーカル事件が起こってしばらく経った頃のことだった。

先にも書いたが、私は精神科医になる前は哲学や心理学を学びたいと思っていた。ボードリヤールが幽体離脱して当時の私の枕元に立ったなら「賢い人間ですと見せびらかしたいのですか？」と問うたかもしれないし、それを否定するつもりはない。が、それだけでもなかったと思う。というのも、私は不登校の経験をとおして「人間や人間社会についてもっと知らなければならない」という強迫観念に駆られていたからで、その気持ちは精神科医になった今でも変わっていないからだ。

哲学や思想とのファーストコンタクトは大学時代に受講した倫理学の授業で、そこで私はデカルトとゲーテとカントとニーチェについて教わり、それから竹田青嗣という哲学者がまとめた入門書を読みかじった。倫理学の教官や竹田青嗣が「いきなりポスト構造主義に飛びつくべきではなく、それ以前の哲学を押さえなさい」と述べていたので、私はそのとおりにし、ポスト構造主義の論者ともみなされるニーチェについても、当時はそのように読むすべを知らなかった。ソーカル事件を耳にしていたこともこの場合幸い（？）した。私は、ポスト構造主義は自分の読むべきものではないとみなし、それより前の時代の哲学者たちの著作や解説書を攻略しようとしていた。

そうした日々を終わらせた本がある。哲学者の東浩紀が書いた『動物化するポストモダン』だ。この、ポスト構造主義を用いて当時のオタクと現代視覚文化を解説した新書は、オタクについて知りたかった私の好奇心を満たしてくれると同時に、ポスト構造主義が現代社会を眺めるツールとして役に立つらしいことを教えてくれた。

ところがポスト構造主義の本は難しく、それ以前の思想家についての予備知識も私には足りていなかった。くだんの『構造と力』すらまだ読みやすいほうで、解説書を読みながら右往左往する時期がしばらく続いた。

次の突破口になったのは、さきほど触れたボードリヤールという社会学者だ。どこまで理解できていたかはさておき、私は彼の『消費社会の神話と構造』や『シミュラークルとシミュレーション』を読んで稲妻に打たれたような衝撃を受けた。「ボードリヤールは20世紀について書いているが、これは21世紀の私たち、たとえばオタクにもインターネットにも当てはまるんじゃないか」と思い、興奮したものである。ボードリヤールをそう読んだのは、その前に読んだ東浩紀からの影響あってのことだろうけれども。

東浩紀経由で読んだボードリヤールの書籍は、様々な流行が浮沈する現代社会、たとえば『なんとなく、クリスタル』で描かれたクリスタル族の生態や、オタクを厳しく批判した新人類の生態を説明しているように読めた。と同時に、オタクがアニメやゲームを楽しんでいるときの姿勢や、（同人誌などの）二次創作を生み出すメカニズムを驚くほど言い当てているとも私は感じた。それらはすべて、ボードリヤールが述べるシミュラークルやシミュレーションの世界である、と。

シミュラークルやシミュレーションの世界とは、今日風にいえば、なんでも「脳内補完」してしまう世界、あらゆるものを自分の想像力や願望で肉付けしながら眺めてしまう世界だ。

たとえば私たちはアニメのキャラクターやゲームの世界をそのまま見たり愛したりしているだろうか？　否。オタクはキャラクターやゲームの世界のなかから自分にとって都合の良い情報を選好し、その選好した情報をもとに脳内補完して膨らませたキャラクターやゲームの世界のイメージを楽しんでいる。

そうした、オタクそれぞれの脳内補完の相違は、同人誌などの二次創作を見比べるとわかりやすい。たとえば『新世紀エヴァンゲリオン』に登場する青い髪の少女・綾波レイをどんなキャラクターとみなし、どんなイメージを綾波レイに持つのかは、ある程度まで作中描写によって定められているが、ある程度からは彼女を眺めるオタクそれぞれの脳内補完に委ねられている。実際、コミックマーケットなどで頒布される綾波レイの二次創作作品は多種多様だったし、その構図は２０２０年代のアニメ『ぼっち・ざ・ろっく！』やスマホゲーム『ブルーアーカイブ』のキャラクターにも当てはまる。

それだけではない。本当は、シミュラークルとシミュレーションの構図はオタク以外が現代視覚文化に触れるときにもしばしばよく当てはまる。たとえば世界中の子どもに愛されているゲーム『マインクラフト』は粗いドット絵からなるが、子どもたちはその粗い画質のそれをそのまま楽しんでいるわけではない。粗い画質を元に脳内補完した、イメージのほうを楽しんでいる。

同じくファミコン版『ドラゴンクエストⅢ』の女僧侶や女賢者は、それそのものは粗いドット絵でしかないが、プレイヤーは鳥山明の描いたイラストをも思い出しつつ、それらをもっと美しい女僧侶やかわいい女賢者のイメージに脳内補完できる。

写真22
秋葉原のコスプレ喫茶で、メード服を着たウエートレスが給仕
2003年、秋葉原
写真提供：共同通信社

1990年代から2000年代の俗語で「ヤンキー」と呼ばれた地方郊外で暮らす若者たちにも、こうした脳内補完の構図が当てはまる。ここでいうヤンキーは、新人類やオタクと異なって「地元」志向かつ共同体主義的な若者たちだが、脳内補完されたイメージを消費する巧みさでは意外とオタクに近い。

たとえばTシャツにプリントされた天使の翼、愛車を飾るゴージャスなインテリア、情報量の少ないケータイ小説、等々を脳内補完し、めいめいにとって都合の良いイメージを楽しむことにかけてはヤンキーはオタクに引けをとらなかった。

「患者さんの症状はこんなに空間に左右されるのか!」

ボードリヤールのついでに、もう一人、ミシェル・フーコーという思想家についても挙げておきたい。フーコーはさまざまなアイデアを残した人だが、第5章で話題にしたアーキテクチャと人間の行動についても色々なことを言い残している。そのフーコーに出会うちょっと前に、私は「アーキテクチャが人間の行動に作用する様子」を強烈に印象付けられる体験をした。それは、長野県南部に位置している精神科病院での勤務経験だ。

そこの病院長は信州大学医学部精神医学教室の初代教授の直弟子にあたり、「病院空間の設計が患者さんを治す」と常日頃からおっしゃっていた。実際、その病院の病室の間取りや花壇の配置、人が行き来する導線などは徹底的に考え抜かれていて、開放的な治療環境を提供しつつ患者さんの自殺を防止し、さらに患者さん同士が自然にコミュニケーションをとりあうような空間を実現させていた。

「患者さんの症状、ひいては人間の行動はこんなに空間に左右されるのか！」

その驚きをとおして、私は人間に作用するアーキテクチャとして空間を眺める習慣を身に付けた。すると、ショッピングモールの空間設計がお客さんにもたらす影響も、東京の都市空間が都民にもたらす影響も、よくできた精神科病院が患者さんにもたらす影響と案外似ているように見えてきたのである。

それらのアーキテクチャは、王侯貴族のように私たちに命令したり服従させようとしたりはしない。しかし、私たちの行動に影響を与えている点、アーキテクチャの設計者の意図に沿ったかたちで私たちの行動を改変している点では王侯貴族とはまた違った、新手の権力装置のようにみえてくる。

空間が人間の行動に与える影響は、東浩紀ならば「環境管理型権力」と呼び、フーコーならば「生政治」と呼び、行動経済学の世界では「ナッジ」と呼ぶだろう。そのような視点でショッピングモールの人混みを見渡すとき、または精神科病院の内側で働くとき、私はフーコーが論じた問題の渦中にいると感じずにはいられなくなる。空間は物言わず私たちを取り囲むだけだが、私たちに右側通行をさせたり、たくさん買い物をさせたり、落ち着いた行動を促したりする。そうした空間からの影響の多くは、私たちに利便性や快適さをもたらし、都市生活を秩序だったものにしているだろう。しかしそれらを権力として眺め直したとき、そうした私たちの行動を左右する権力装置から逃れるすべを私たちが持っていないことに気付かされるのだ。

フーコーが語った新手の権力は、空間が人間の行動に与える影響だけではない。学校教育、聖職者の活動、ひいてはカウンセリングにまで及んでいて、それらがいかに人間の行動に影響を与えているのかを掘り下げている。

彼の文章はわかりにくい部分が多く、そのうえ歴史学的にいい加減な部分があるとも指摘されているが、フーコーの目線で現代社会を眺めたとき、彼の視線が時代遅れだとは思えない。逆だ。インターネットをはじめとするアーキテクチャの力がますます強まり、人間の行動がさまざまな制度による〝やさしい管理〟に包まれている２０２０年代に、フーコーの権力の話はびっくりするほどよく響く。直接的な暴力が少なくなったかわりに空間からの影響や制度による管理が目立つようになった日本社会を彼の視点で眺めると、近代が暗黙の前提としていた人間の自由意志や自己決定が、なんだか疑わしく思えてくる。

そのうえで私は、精神科医である我が身も振り返る。精神科医は、そうした近代の前提である自由意志や自己決定を最も尊重しなければならない職業であると同時に、空間設計や医療・福祉制度をとおした〝やさしい管理〟をとおしてその自由意志や自己決定にコミットする――いわば、ナッジしたり生政治したり環境管理型権力を用いたりする――職業でもある。そのコミットが行きすぎたとき、それは患者さんの自由を不当に侵害、いや、むしろ正当性を帯びたかたちで改変していくだろう。その改変はきっと支援や治療や促しといった体裁をとるに違いない。

フーコーは、ニューアカ時代の仇花になっていい思想家ではない。現代の精神科医や医療関係者にも、もう少し知られて良い思想家だと思う。彼の主張に耳を傾けても日々の医療的支援や福祉活動が楽になるわけではない。かえって葛藤や逡巡に直面するかもしれない。しかしフーコー的に考えるなら、医療や福祉や行政に携わる者、それと空間設計に携わる者は、多かれ少なかれ権力者であり、王侯貴族に代わって現代人の行動を司るアクターに違いないのだ。である以上、そのことに対する躊躇や反省が欠如していては危険だとも思う。どれだけ正当性を伴っていても、自分がやっていることに無反省・無感覚な権力者は、えてして堕落するものだからだ。

思想家たちの予言は意識が高すぎた

こんな具合に「ポスト構造主義は現代社会を眺める切り口をくれる！」と感じた私は、リオタール、ドゥルーズ、デリダ、ラカンといった他の思想家や哲学者の本にもおそるおそる手を出した。浅学な私に、それらがどこまで理解できたかはちょっと怪しい。ともあれ、それらとその解説書をとおして、私はますますポスト構造主義に夢中になり、20世紀の段階で21世紀の社会状況が予見されているさまに興奮した。

では、彼らは２０２０年代の日本社会をいい当てたといえるだろうか？

そうとも思えない。もちろん彼らが予言者を気取っていたわけではないから、未来をぴたりと言い当ててくれなかったことに文句をいうつもりはない。ただ、私が２０２０年代に体感しているポスト近代の実態と、彼らの論述とのギャップを意識してしまうのも事実である。

ニューアカ時代にポスト構造主義を引用していた人々が語ったポスト近代は、東京のキラキラした人たちについて論じたもののように聞こえた。いわば、コムデギャルソンやヨウジヤマモトの服を着た洒落たポスト近代、『なんとなく、クリスタル』の世界に描かれそうなポスト近代というべきだろうか。それとも糸井重里のようなコピーライターや広告代理店やアパレルが差異化の記号を、ひいては人々の流行やアテンションを司り、無印良品のようなかたちで利用していくポスト近代というべきだろうか？

しかし今、私の目の前に広がっているのはもっと「意識が低い」ポスト近代だ。もっと混沌としていて、もっと庶民的で、もっと洒落にならないポスト近代。

収入に余裕のない人がソーシャルゲームや〝推し活〟に何万円何十万円と課金し、真贋のわからない物品がネットオークションサイトで売買され、最も学のある人からそうでない人まで動画配信サービスやSNSのリコメンドに身を任せ、いわゆる〝分断〟に加担し続けるポスト近代、と言えばイメージが伝わるだろうか。

2020年代のインターネットの風景は、とりわけ洒落にならない。インターネットに中心は見当たらず、(フランスの精神分析家ラカンがいうところの)象徴秩序や大文字の父に相当するものもはっきりしない。インターネットのアーキテクチャに包囲されている私たちに、自由意志や自己決定はどこまで可能だろう? 実際の私たちはエコーチェンバー化(自分と似た価値観のユーザーをフォローすることで、同じような情報ばかりが流れる閉じた情報環境)したタイムラインにひきこもり、他人も世界も自分自身も脳内補完しまくってアニメやゲームと同じように眺め、アーキテクチャに流されっぱなしの日常を生きているのではなかっただろうか。

「自分自身とは何か」という問いも、インターネット上ではうやむやになる。たとえばAというアカウントでは政治的に正しいことを、Bというアカウントでは逸脱的なことを、

写真23
日比谷駅で、アイドルの広告と写真を撮るため列をなす女性たち
2023年、銀座
写真提供:Â©Taidgh Barron/ZUMA Press Wire/共同通信イメージズ

Cというアカウントでは〝推し活〟のことだけ語るように切り分けられたネットライフは、もはやレイトマジョリティにまで浸透している。

作家の平野啓一郎は、現代人の自己認識とコミュニケーションを「分人的」だと述べた。アカウントを使い分けるネットライフはまさに「分人的」だが、これは、インターネットの専売特許ではなかった。たとえばニューアカ時代において、東京のアーリーアダプター的な個人主義者はすでに場面や役割に応じて（アカウントやキャラクターやアバターを使い分けるように）言動を切り替えていたのであって、むしろ、そうしたアーリーアダプターのライフスタイルや感性に合わせてＳＮＳなどのアーキテクチャが整備され、選ばれてきたと見たほうが順序として合っている。

しかし、そうして整備され、選ばれてきたＳＮＳのアーキテクチャにレイトマジョリティまでもが完全包囲されるようになった今、私たちは驚くほどお互いのことをわかり合わず、譲りあわず、〝分断〟するようになってしまった。〝分断〟した者同士は、相手も同じ人間であることをまるで忘れてしまったかのように悪魔化しあい、誹謗中傷しあうことにあまりにも慣れてしまっている。のみならず、お互いがまったく異なる世界を観て、お互いが自説をファクトとみなし、他説をフェイクとみなしているから、ここでは情報の真贋がまったく定まらない。

こう書くと、「そうなったのは大衆が愚かだから」と言いたくなる人もいるだろう。ところが実際には、物事の真贋を最も見抜いていて然るべきとされてきた知識人や学者や専門家ですら、何がフェイクで何がファクトなのか判別できないさまがＳＮＳをとおして暴露されてしまった。

近代まで、そうした人々はファクトの番人として信頼され、社会のご意見番として尊敬も集めてきたが、今日ではそのような信頼と尊敬は損なわれている。それだけではない。誰がファクトを体現しているのか、誰をご意見番にすればいいのかも今でははっきりわからず、エコーチェンバーに引きこもっている人々は、それぞれの尊師を熱心に推している。たとえその尊師が、〝発泡スチロールでつくられたシヴァ神〟だとしても、である。

語弊を怖れずに言ってしまえば、万人に説得力を持ち得るようなファクトは、今日のＳＮＳには存在しない。おそらくオフラインの世界にさえ存在しないだろう。

嘘を嘘と見抜けない時代

誰もがポスト近代の状況に取り込まれてしまったら起こる事態については、ボードリヤールが１９９１年に記した『湾岸戦争は起こらなかった』という本が参考になる。この本は１９９０年から実際にペルシャ湾岸で起こった湾岸戦争と、メディアが報じている湾岸戦争と、私たちがそれを見て脳内補完している湾岸戦争とがどこまで一致しているのか、それとも一致していないのかを問うているが、本としての完成度が低かったためか、現在はほとんど顧みられていない。

しかし、この『湾岸戦争は起こらなかった』になぞらえて２０１０年代から２０２０年代に起こった出来事を眺め直すと、事態は深刻に見える。あなたにも問うてみたい。トランプ元大統領の不正はあったのだろうか。ロシアは本当にウクライナに侵攻したのだろうか。さらに考えて、南京大虐殺は起こったのだろうか。

これらひとつひとつの問いに対して、時間をかけて資料を検証すれば「大多数がファクトとして同意している見解」、いわば〝近代社会〟においてファクトと公式に認められる見解に一応私たちはたどりつける。つまり、トランプ元大統領は不正を行ったし、ロシアはウクライナに侵攻したし、南京大虐殺は起こったはずである。

しかし、メディアをとおして見たいものを見たいように見て脳内補完することに慣れ、個人の選好に基づいたタイムラインを日夜眺めている私たちが、あらゆる問題に関して「大多数がファクトとして同意している見解」にたどりつけるのか、怪しいものである。そのうえSNSのタイムラインにせよ、その他のメディアにせよ、私たちはタイパを気にしすぎるあまり、たくさんの情報を飛ばし読みすることに慣れ、そのひとつひとつを熟考することには不慣れになってしまっている。

メディア越しにしか見聞できないイシューなどいくらでもある。トリチウムによる海洋汚染に対して、ジャニーズ事務所の騒動に対して、LGBTQが直面している問題に対して、それぞれ私たちはどこまで現場で実際に起こっているファクトにたどりつけているだろうか？

一応私は、なるべく事実に辿りつくようネットリテラシーやメディアリテラシーを高めようとあがいているが、百発百中でファクトにたどりつけていると自分を過信できずにいる。なぜなら、私にも思想信条の偏りはあるし、情報量の少ない情報を飛ばし読みすればするほど、私はそれを脳内補完しファクトのシミュラークルとシミュレーションとして二次創作し、その二次創作したイメージのほうをファクトだと思い込んでしまうだろうからだ。あるいは、たとえばテレビ局や新聞社が出した速報が誤報だと判明してからも、その誤報のほうをファクトとして拡散するような間違いをしでかしそうだからだ。

エコーチェンバー化した、タイムラインの大きく偏ったＳＮＳ越しに専ら情報収集している人は、こうしたリスクがとりわけ大きいだろう。今日では社会のオフラインの側もたいがいエコーチェンバー化し、近しい階層、近しい職業、近しい思想信条の者同士ばかりがつるみあい、そうでない者同士は接点を持ちにくくなっているから、一層始末におえない。そのように党派性にまみれたＳＮＳ・タイムライン・社会で暮らしている限り、何がファクトで何がフェイクなのかを判別するのは難しく、いったんファクトとして信じてしまったフェイクを訂正するのは相当難しいと思ってかからなければならない。

最近は、画像や音声、動画にさえフェイクが混じる。発信者側はフェイクではないつもりでも、スマホで撮った写真の照度や解像度をインスタグラム向けに修正するのはよくあることで、ときにはスマホが勝手に写真をいじることもある。諸情報には、いつも編集という魔法がかけられている。

第5章でも触れたように、西村博之は「嘘を嘘と見抜ける人でないと（掲示板を使うのは）難しい」と言ったが、それはネタとマジの区別がつく時代、誰もがネットリテラシーやメディアリテラシーを磨き、玉石混交のなかからファクトを見つけ出せると期待できる時代に属する発言、つまり近代に属する発言だったように思う。

今日は違う。フェイクをフェイクと見抜けない人が悪いだけでなく、フェイクを流す人も悪く、フェイクが流れるメディアも悪い。だがなによりフェイクが流通すること、フェイクのつもりではなくても二次創作された情報が流通し、誰もがそれらを流通させてしまうことが一般的になったことが問題なのだ。ファクトとフェイクの曖昧さは、編集、二次創作、脳内補完をとおしてますます加速し、私たちがその構図から逃れられる見込みは現時点ではない。

ほんとうの、大きな物語のおわり

そうした、皆がファクトとして信奉するものがバラバラになった2024年においても、実際に起こっている出来事はひとつだけのはずである。たとえば2024年の東京都知事選で当選したのは小池百合子で、2024年の夏のオリンピックはパリで行われた。そうでない世界、たとえば蓮舫が東京都知事選に勝った世界や、オリンピックがモスクワで行われた世界が、(SF作品でいう)パラレルワールドのように存在しているわけではない。

しかし実際に起こっている出来事をどう眺め、どう解釈し、どのような態度を取るのか、という次元では皆の眺めかたや解釈、態度はやはりバラバラである。

ポスト構造主義の論者の一人であるリオタールは『ポスト・モダンの条件』という著書のなかで「大きな物語が終焉を迎えた」と述べたものだった。私の記憶では、このフレーズは冷戦終了後の社会状況として論じられたり、社会運動や政治運動が不人気になり皆が多様な価値観に基づいて生きるようになったこととして論じられたりしていた。だが、本

写真24
米大統領選でトランプ氏の当選を報じる街頭テレビ
2016年、有楽町
写真提供：共同通信社

当にそうだったろうか。

リオタールのいう大きな物語の終焉とは、第一に近代の後という意味で、大きな物語とは近代という時代や状況や文脈に他ならなかった。大きな物語の終焉とは、近代に発明されたテクノロジーや社会体制が滅んでノストラダムスの大予言が実現する……といった意味ではない。近代に信奉されていた価値観や常識、モノの眺めかたではない次の段階の到来を指すものだった。リオタールが存命だった頃、彼が述べる近代の次の段階が何なのかはまだはっきりとは見えておらず、確かに、冷戦終結や多様な価値観の出現がそれにあたるようにも思えた。

ところが2024年を生きる私には、それが2020年代にこそ当てはまるように見えてならない。今、欧米を中心とした近代以来の世界体制と世界秩序は揺さぶられ、その体制や秩序が主導する正義に注がれる目線は冷ややかだ。さきほど述べたように、SNSには真贋の定まらない情報が氾濫し、知識人や専門家の言葉を誰もが信頼する時代は終わった。政治の世界では、ブレグジットやトランプ大統領の当選といった、近代の価値観を内面化した人にはナンセンスに思える事態が起こった。

近代という大きな物語には、「テクノロジーや経済の発展が私たちの生活を豊かにする」「客観的な事実をよく理解し、啓蒙されることで個人生活が向上する」「個人主義や民主主義を信奉すれば生活はより良くなる」といった大前提が伴っていた。おそらく20世紀にはそれで良かったし、そうした欧米の大きな物語が最終的にはソ連の共産主義に優越し、打倒したと考えても大筋として間違っていないだろう。

2020年代の世界の人々も、同じ前提を同じように共有しているだろうか。

いや、考えにくい。リオタールは「大きな物語の後には複数の小さな物語の世界が来る」とも述べているが、実際、アメリカでもイギリスでも日本でも人々に信じられている価値観や物語はバラバラだ。そのなかで、20世紀のようにテクノロジーや経済成長を信頼し、客観的な事実をよく理解しようとし、個人主義や民主主義を真正面から信奉している人がどれぐらいの割合なのかもわからない。

もちろん今日でも、引き続き近代という大きな物語と、そこに付随する大前提は社会体制や制度のうちに残っている。それを心から信奉し、そうした立ち位置から現代思想やポスト構造主義を研究している人だっているだろう。だが、彼らは近代の末裔なのであって、ポスト近代＝ポスト構造主義の時代の申し子ではない。なぜなら、プレ近代の後に近代があって、その後としてポスト近代やポスト構造主義を学び直している人の、その勉強の仕方や歴史感覚やそれらの前提となっている物語や価値観が、なにより世界を眺める際のフィルタが、けっきょく近代の所産だからだ。

日本の田舎とポストモダン

さて、ここまで私は「大きな物語＝近代が終わった、ポスト近代だ、小さな物語になってみんながバラバラだ」と述べてきた。田舎で暮らしている精神科医にしては、スケールの大きな話を振り回していると思う。いや、読者の方にはスケールの大きな話に私が振り回されているようにもうつるかもしれない。

だが思うに、私や私に似た人、つまり近代人としてどこか不完全な人間がポスト近代を論じる際には、スケールの大きな話を振り回しつつ振り回されるぐらいの塩梅が実態に即していて似合いだとも思う。

そのように「スケールの大きな話を振り回しつつ、話に振り回されている」と自覚しながら、ポスト近代について石川県の片田舎というポジションから考えてみたい。

第1章で私は、プレ近代な石川県の田舎で育った身の上話をした。そこでも書いたように、石川県は女性の就業率が高いが、それは専業主婦の時代をいったん経由した東京や欧米諸国とは事情が異なっている。一般に、近代が到来すれば女性の就業率が低下し、一過性にせよ専業主婦率が高まるとされているが、そうした変化は石川県ではあまり起こらず、そのままポスト近代の女性にありがちな就業率の高い状況に跳躍してしまった。

これは、女性の就業率に限った現象でもあるまい。社会学者の落合恵美子は、欧米諸国と日本、そして日本以上に急速な経済成長を遂げた東アジア諸国を比較して、近代の恩恵が庶民に行きわたった「近代の黄金時代」にはそれぞれの間に差異があると論じている。彼女によれば、近代化と経済成長の足並みの揃っていた欧米では、約半世紀にわたって「近代の黄金時代」が持続して庶民にその恩恵が行き渡り、日本ではその期間が四半世紀程度と短かったという。そして日本を追いかけ、日本以上に急速に経済発展した東アジア諸国ではその期間がほとんどゼロであるというのである。

今日の東アジア諸国を見ればわかるが、ここでいう「近代の黄金時代」が乏しくても近代のテクノロジーの産物、たとえば自動車やエアコンやPCなどは普及する。しかし価値観はそうもいかない。近代のメンタリティや価値観、それこそリオタールのいう大きな物語に相当するナラティブが庶民に行き渡り、内面化されるには相応の時間がかかる。そのような猶予は日本において欧米よりも短く、東アジアにおいてはさらに短かった。東アジアでは、その短さが少子高齢化をも生み出している。

この目線で石川県を振り返ってみよう。保守的な県民性、女性の専業主婦率の動向、東アジア的な稲作文化、現在のショッピングモールの繁栄っぷりとモータリゼーションの徹底をみるに、石川県は東京に比べて東アジア諸国寄りで、近代のテクノロジーの産物こそ入ってきているが、近代という価値観、ひいては近代という大きな物語が人々に内面化される時間は短かった。すでに書いたように、私の郷里では１９８０年代まではプレ近代らしさが残り、しかし１９９０年代にはバブル崩壊が起こり、地元商店街が壊滅し、ショッピングモールが進出した。私が学生だった数年間のうちに、プレ近代が多分に残る「地元」

にポスト近代が入ってきたのである。石川県に限らず、他の多くの県でもそうだったのではないだろうか。

私はその石川県の片田舎で生まれ育った。医学部に入って医師としてのトレーニングを受けたし、ポスト構造主義の論者に触れる前にそれ以前の哲学者や思想家について学ぶ機会があったから、私とて近代の価値観や常識、ひいては大きな物語について全く知らないわけではない。しかし、東浩紀が論じた現代視覚文化に親しみをおぼえ、インターネットを居心地の良い場所とみなし、ポスト構造主義の言説に夢中になってしまう程度にはポスト近代的なものに親和的な私自身を振り返ったとき、私は私のうちに近代の不足を思わずにいられない。そしてプレ近代とポスト近代が共存している私という人間を自覚せずにもいられない。

そうした近代の不足っぷりは、マルクス経済学やマルクス主義に対する私の態度にも現れている。ポスト構造主義に関する書籍は、しばしばマルクス経済学批判やマルクス主義批判に少なくないページを割いている。思想家としてのマルクスはイギリスで近代の資本主義社会を目の当たりにした人で、今日でも資本主義について考える際にはたびたび登場し、しばしば批判されている。

そのようにポスト構造主義を理解するうえで重要なマルクスだが、私がその重要性に気付いたのはずっと後だった。なぜか。それは私が近代について不勉強だったからだけでなく、私がプレ近代に生まれ、近代という状況を体験する暇のないうちにポスト近代的な状況に飛び込むことになった身の上のためでもあるように思う。

似たことが再帰的近代、という言葉についても当てはまる。再帰的近代とは、イギリスの社会学者であるアンソニー・ギデンズらが用いているキーワードで、私なりに要約すると「現代の状況はポスト近代などと呼ぶべきものではない。近代を参照項としてもっともっと近代が徹底されていく状況だ」といった論説に登場するものだ。

だが、近代をテンプレとしてもっともっと近代が徹底されていくのは、どこにおいてだろうか。欧米社会や東京で何世代も前から近代人をしてきた一族ならそうかもしれない。ところが石川県をはじめとする片田舎には、参照項としての近代、顧みられるべき近代が来なかったのである。

「近代の黄金時代」をあまり経験できなかった私たちに参照できるもの・顧みることので

きるものはなんだろう？

東浩紀は『動物化するポストモダン』のなかで、オタクの文化の背景にある敗戦の経験とアイデンティティの脆弱性、それと結びついたオタクのナルシシズムや「オタクにとって都合の良い江戸時代のイメージ」について論じたが、私にはそれらがよくわかる気がする。東がナルシシズムの宛先とみるもの、私なら超自我やロールモデルの参照項と呼びたくなるものは、ギデンズのようなイギリスのエリートにとっては近代そのものだろう。

しかし私のような人間は、少なくともギデンズと同じように近代を参照することはできない。では何が参照項たりえるか。東浩紀が述べたような江戸時代のシミュラークルとシミュレーションか、さもなくば早くも風化しつつある「地元」のシミュラークルとシミュレーション（郷土史的な手堅いものではなく、たとえばよさこいに端を発して模倣されたそれぞれの地方の新しい祭り）でしかないのではないか。

近代をろくに経由せずプレ近代からポスト近代にジャンプした土地において、寄る辺たりえる参照項は破壊され、ただ、二次創作や脳内補完の材料となる情報だけが浮遊しているのではないだろうか。

この、寄る辺たりえる参照項のなさは、本当はイギリスも似たり寄ったりではないか、と疑わしく思うこともある。

イギリスの中流階級、いわゆるブルジョワ階級やプチ・ブルジョワ階級に相当する人々には近代が参照可能で、再帰的近代を生きることも可能で、ギデンズが論じたとおりにことが運ぶのかもしれない。が、当のギデンズたちによって推し進められたイギリスの新自由主義化によって労働者としての超自我とロールモデルを奪われた人々においても同様とは私にはあまり思えない。彼らはプレ近代とポスト近代の混淆（こんこう）した私に近い世界を生き、生かされ、たとえばブレグジットに賛成票を投じたりしたのではなかったか。

すべてが寄る辺のない未来に備えて

20世紀にポスト近代を論じた人々は、近代をよく知り、近代の価値観や常識をよく内面化したうえでそれを論じた。ポスト近代とは言わず、後期近代を論じたギデンズもそれに近い。

一方、私は近代をそこまで知らぬままプレ近代からポスト近代に跳躍するように生き、現代視覚文化やインターネットに親しみ、ショッピングモールなしでは生活が成り立たない地方のロードサイドで暮らしている。

近代を十分に修めず、十分に内面化していないという理由から、私はポスト近代を論じる者として欠格とみなされそうに思えるし、学識のある人と議論する際、そんな自分自身が恥ずかしくなることもある。他方、こう思うこともある――近代を体験できず、近代が頭上をかすめて行った地域で生まれ育った人間として、私はオタクやインターネットや地方のショッピングモールのうちに具現化しているポスト近代について、これからも書いていくのだ、その立ち位置からポスト構造主義のテキストを読み返し、今という時代を書き残していくのだ、とも。

本書は1975年の片田舎に生まれ、「地元」のウチとソトの論理から飛び出し、東京やインターネットを知るに至った一人の精神科医による半世紀の振り返りだった。終章のテーマになぞらえれば、プレ近代に生まれ、近代をアウトサイダー的に読みかじり、結局ポスト近代を生きている人間による半世紀の振り返りと言い換えられるだろう。

従来、歴史を記すこと、思想を語ることは専ら近代をよく内面化した人々、もっと言えば大都市圏に暮らすリテラシーの高い人々の手から成ってきた。今日でも各分野の正史の記述者は近代という大きな物語を内面化していて、そのフィルタ越しに２０２０年代を眺め、起こっている出来事について判断しているはずである。それは貴重な営為で、リスペクトされてしかるべきだ。

だが、それはそれとして、正史が顧みないかもしれないクロニクルを、近代が頭上を通り過ぎた地域で生まれ育った者として書き残してみたかった。私とて、知識としての近代をまったく知らないわけではない。しかし近代について学べば学ぶほど、私自身はそのアウトサイダーであること、近代をよく内面化したうえでプレ近代やポスト近代を蔑視してみせる人々と同じにはなれないことを痛感せずにいられなかった。

もし、読者のなかに私同様の「近代のアウトサイダー」がいらっしゃるとしたら、そのポジションから、私と同じように記憶をアーカイブ化して欲しいと思う。そうしなければ、正史の担い手たりえない私たちが見聞きしたことが、後世には残らないかもしれないからだ。

現在の日本で本当にポスト近代が来ているのは、近代の先端をひた走っていたインテリゲンチャの領域や、なおも専業主婦率の高い東京の奥座敷ではない、と私は見る。それはプレ近代から脱却するやポスト近代が到来してしまった地方や郊外の領域、近代人の模範的な価値観や常識が内面化される暇のなかった領域だと思う。つまり私がホームグラウンドと感じている領域こそがポスト近代の前衛だ。そうした領域のなかでもSNSはフェイクもファクトもごちゃまぜで、未来はおろか、現在すら判然としない。

そのようになってしまった、本当にやってきたポスト近代の全容は、20世紀の段階には明らかになっていなかった。結局ここでも、未来のある部分を予見することは可能でも、未来の全容は見通せない。そのわからなさ、先読みのきかなさを共有することも本書のテーマだったし、それが読者の方に伝わっていればとも願う。

2024年現在、未来のわからなさ加減は、ソビエト連邦崩壊とバブル崩壊が重なった1991年よりずっとひどく、アメリカ同時多発テロが起こった2001年と比べても甚だしい。そういった点でも近代という大きな物語は求心力を失っている。本書も予言書ではないから、たとえば第三次世界大戦の可能性、たとえば国際秩序の今後の成り行きについて勇み足なことを書くのは控えたい。それでも過去のそれぞれの時代に未来が見通せなかったさまは、今後を生きていくうえで参考になるのではないかと思う。

ポスト近代という言葉は、なお近代という過去の時代に依拠した言葉だ。しかしもう少し経ったら、近代という言葉に依拠しない、本当の意味で新しい時代を指し示す言葉が生まれるかもしれない。

後世から見て、私たちが生きているこの状況が既に新しい時代のうちに含まれ、2024年の私たちが時代の分水嶺を踏み越えていると判定されても驚くまい。

失礼、またも勇み足になってしまった。過去を振り返るとき、私は未来について考えたくなる。読者の方が、本書をとおして過去の一端を思い出し、未来についてのインスピレーションを得たとしたら、筆者としては嬉しい限りだ。ただ懐かしむためだけに過去を思い出すのではなく、未来を生きる参照項として思い出し、それを生かしていただけたらと思う。

おわりに

２０２４年、私は49歳になりました。今日の一般通念に照らせば、人生の折り返し地点、働き盛りの中年期とみなされる年齢でしょうか。その私が半生を振り返り、時代について記すことをおこがましいとか、半熟卵のようだとおっしゃる方もいるでしょう。

私自身、恥ずかしく思う部分はあります。しかし、イースト・プレスの編集者である島村真佐利さんから本書の企画を頂いた時、類書とは違った本ができるかもしれない、とも思ったのです。その理由は、私が都市部で生まれ育った人間ではなく、石川県のプレ近代な「地元」で生まれ育ち、その後色々と勉強はしたにせよ、結局ポスト近代的な諸々――オタクやインターネット、地方に建つショッピングモールのアーキテクチャー――にホームグラウンド感をおぼえる人間だからであることは、第6章で記したとおりです。

そういう田舎者として実体験を振り返り、１９７５年から２０２４年までを書き記したら独特なクロニクルができあがり、私に似た生い立ちの人に響くナラティブが可能ではないか、と考えました。そのような本としてできあがっているのか否かの判断は、読者の皆さんにお任せします。

とはいえ、私も近代を勉強した者のはしくれですから、これまで積み重ねられた歴史と議論は軽々にすべきではないと考えています。また、私たちがどんなに脳内補完的・二次創作的に世界を眺めるようになっても、実際に地球上で起こっていることがパラレルワールド的に分離していないことは忘れてはならないでしょう。

自分自身や他人にしてもそうです。私たちは自分自身をキャラクターやアバターとして幾らでも整形したり盛ったりできますし、他人を悪魔とみなし、断罪することもできます。でも、どんなに自分自身をXやインスタグラム上でキャラクターとして整形しても、他人を悪しざまに罵っても、自分自身や他人が思いどおりに変わるわけではありません。そうして勝手な脳内補完を膨らませれば膨らませるほど、等身大の自分自身や実際の他人と、膨らませた脳内補完とのギャップは大きくなるでしょう。

私が生まれ育った「地元」はとても狭い世界で、隣人との接点が多すぎて、他人の解像度が勝手に高くなってしまったものです。あの家のおばあさんは職場ではにこやかだけど自宅では鬼姑だ、あの家の中学生がおとといB商店でビールをまとめ買いした、そんな噂がたちまち伝わるのが私の地元、そしてプレ近代の狭い世界でした。

今はその正反対です。近所の家庭のことなど知りようがありません。子どもが世話になっている保育士や塾講師、職場の同僚や部下も、プライバシーを深掘りしないほうが安全でしょう。必然的に、現代の人間関係は自動的に低情報量、低解像度になりがちです。世界についてもそうかもしれません。タイパに追われたり、情報源をSNSに頼ったりしたら、視界に飛び込んでくる情報の総量は増えても、ひとつひとつの情報はサムネイル的・まとめサイト的になってしまいます。これでは、何事につけ低解像度にならざるを得ません。

そういう他者や世界に対する低解像度さ加減のおかげでコミュニケーションが省力化され、便利かつ気楽に暮らせる一面はあるでしょう。他方、誰かとじっくりわかりあうこと、そのために時間をかけることに私たちは慣れなくなってしまいました。それともあまりにも働かされすぎて、自分の好きなものを追いかけることに夢中になりすぎて、タイパに魂を奪われてしまったのかもしれません。その利便性が弊害を上回っていたのが20世紀後半から2000年代あたりまでで、その弊害が利便性を脅かすほど大きくなってきているのが2020年代ではないか、とも思います。

では、その弊害が利便性を脅かし続けたら何が起こるのか。戦争ではないでしょうか。小さな戦争は既に起こっています。SNSでは、お互いを見たいようにしか見ず、お互いを低解像度でうすら見て、都合の良い悪魔として脳内補完し、それが他者に関するファクトだとみなして石を投げ合っている人たちがいます。

私には、純粋培養の近代とは言えないもの・ポスト近代っぽいものが心地よい感覚もあります。たとえば日本のアニメやゲームが世界中で愛され、その視聴の仕方や二次創作的・データベース消費的な向き合い方まで外国のファンに理解されつつあるのは嬉しいことです。が、危機感もおぼえます。お互いを都合の良い敵としてしか見ようとしない人同士の争いが世界レベルになってしまったら、小さなSNSでも大きな国際情勢でも争いが絶えず、和解や妥協の余地がなくなってしまうようにも思えるのです。

立ち戻るべき場所はどこでしょうか。近代を奉じ、欧米の価値観や思想によく馴染んでいる人は、そんなの近代に決まっている、とおっしゃるかもしれません。文中で挙げたイギリスのギデンズだけでなく、ドイツの社会学者のウルリッヒ・ベックや哲学者のマルクス・ガブリエルも、きっとそう答えるでしょう。

確かに、私たちの知る世界史、ひいては私たちの知るファクトは近代のインクで記されているのですから、それはそうかもしれませんし、私にも、近代に代わって立ち戻るべき場所が即座に思いつきません。

ですが近代の外側にいる人間にとって、近代はそこまで自明の基準点ではありません。

全幅の信頼を置ける大きな物語がなくても私たちは生きていて、生きていかなければなりません。また、近代という大きな物語が私たちに今後も微笑んでくれるのか、それとも目の前に到来しているポスト近代と教条的な近代とのギャップを押し付ける異端審問官となるのか、識者の論説を読んでも楽観できる気がしません。近代が元気を取り戻し、世界人類を救ってくれるならそれで良いですが、昨今の状況をみるに、私たちは足元のおぼつかない時代を生きなければならないように予想します。

未来が不透明な時こそ、過去をよく思い出し、現代について考え直し、将来に備えることは大切です。本書は正史とみなせるものではなく、本書だけでこの半世紀を振り返るのは不適切です。そのかわり、正史を書いている専門家、欧米の中枢や東京から考えることが専らである人々とは少し違った角度から１９７０年代から２０２０年代を振り返る内容だとは思っていますので、副読本として本棚の片隅に置いていただき、思索の隠し味にしていただければと願っています。

主要参考文献

※著者が愛読し、できあがるまでに大きな影響を与えた書籍

・東浩紀『動物化するポストモダン』講談社／２００１年
・エリク・H・エリクソン、仁科弥生訳『幼児期と社会』1・2／みすず書房／１９７７年、１９８０年
・大塚英志『「おたく」の精神史』星海社／２０１６年
・ジャン・ボードリヤール、今村仁司・塚原史訳『新装版 消費社会の神話と構造』紀伊國屋書店／２０１５年
・ジャン・ボードリヤール、田中正人訳『アメリカ 砂漠よ永遠に』法政大学出版局／１９８８年
・ジャン＝ジャック・ルソー、桑原武夫・前川貞次郎訳『社会契約論』岩波書店／１９５４年
・ジョシュア・メイロウィッツ著、安川一ほか訳『場所感の喪失』新曜社／２００３年
・スチュアート・シム、杉野健太郎ほか訳『ポストモダニズムとは何か』松柏社／２００２年
・スティーヴン・M・スタール、仙波純一ほか監訳『ストール精神薬理学エセンシャルズ 第5版』メディカル・サイエンス・インターナショナル／２０２３年
・田中康夫『新装版 なんとなく、クリスタル』河出書房新社／２０１３年
・テンニエス、杉之原寿一訳『ゲマインシャフトとゲゼルシャフト』岩波書店／１９５７年
・夏目漱石『こころ』新潮社／２００４年
・ノルベルト・エリアス、赤井慧爾ほか訳『文明化の過程』上・下／法政大学出版局／２０１０年
・ベンジャミン・J・サドックほか編著、井上令一監修『カプラン臨床精神医学テキスト 第3版』メディカル・サイエンス・インターナショナル／２０１６年
・ポール・ウィリス、熊沢誠・山田潤訳『ハマータウンの野郎ども』筑摩書房／１９９６年
・堀井憲一郎『若者殺しの時代』講談社／２００６年
・マックス・ヴェーバー、大塚久雄訳『プロテスタンティズムの倫理と資本主義の精神』岩波書店／１９８９年
・ミシェル・フーコー、渡辺守章著『性の歴史1 知への意志』新潮社／１９８６年
・宮台真司ほか『サブカルチャー神話解体　増補』筑摩書房／２００７年
・ローレンス・レッシグ、山形浩生・柏木亮二訳『CODE』翔泳社／２００１年
・シリーズ『日本の民俗』1〜13／吉川弘文館／２００８年〜２００９年

ないものとされた世代のわたしたち

２０２４年10月31日　初版第１刷発行

著者　熊代亨
ブックデザイン　鈴木成一デザイン室
発行人　永田和泉
発行所　株式会社イースト・プレス
〒１０１－００５１　東京都千代田区神田神保町２－４－７　久月神田ビル
Tel：０３－５２１３－４７００／Fax：０３－５２１３－４７０１
https://www.eastpress.co.jp
印刷所　中央精版印刷株式会社

ISBN 978-4-7816-2385-6